Das Buch handelt von der Befreiung des vom Ego blockierten Selbst und einem positiven Umgang mit Leid erzeugenden Gedanken und Gefühlen. Es beschreibt, wie wir durch Denkweisen, Gefühle und Verhaltensmuster unser Leben gestaltet haben und gestalten können. Es entwirrt die Bewegungen des Lebens und erhellt die wesentlichen Zusammenhänge sowie das Zusammenspiel der wirkenden Kräfte. So führt es Schritt für Schritt auf einen Weg zu Selbstfindung, Selbstbefreiung, Selbsterkenntnis, Selbstliebe, Selbstvertrauen, Selbstsicherheit, Selbstentfaltung, innerer Ruhe und Zufriedenheit.

Michael Ganesh Becker wurde 1954 in Leipzig geboren. Nach seinem Grafik-Design Studium an der Kunstakademie Stuttgart arbeitete er viele Jahre als Grafiker, Texter und Berater. 1995 entdeckte er für sich die Malerei. Seitdem entstanden viele abstrakte Bilder, die heute überwiegend im Internet zu sehen sind. Sein erstes Buch *Zur Harmonie in dir* wurde aus einer Eingebung heraus geschrieben und ist ein Resultat seiner langjährigen Auseinandersetzung mit spirituellen, philosophischen und psychologischen Themen.

MICHAEL GANESH BECKER

Zur Harmonie in dir

Den Weg erkennen
Das Selbst befreien
Mit Leid umgehen
Die Welt lieben
Innere Ruhe finden
Zufrieden sein

Für Anjali

und für *dich*.

INHALT

Die Kraft, die alles ist
ein Meer im All
das ewig fließt
Tropfen für Tropfen
Formen füllt
belebt, gestaltet, wirkt
in Flechten und Bäumen
Vögeln und Affen
in dir...
bis die Körper zerfallen
dann strömt sie zurück
die Seele
in das endlose Meer

Das Buch richtet sich an Menschen, die sich für die Entstehung von Lebensfreude, Zufriedenheit und innerer Ruhe interessieren. Es geht darin um die Befreiung des vom Ego blockierten Selbst und einen positiven Umgang mit Leid erzeugenden Gedanken und Gefühlen. Es macht deutlich, warum unsere Welt liebenswert ist, so, wie sie ist. Dies kleine Buch entwirrt die Bewegungen des Lebens und kann Grundlage und Wegweiser sein für einen Lebensweg zur Harmonie in uns selbst. Dieser Weg entspricht der natürlichen Bewegung des Lebens. Es ist ein Weg umfassend gelebter Liebe und des Vertrauens in die Unfehlbarkeit der Schöpfung. Es ist der natürliche Weg des eigenen Selbst.

So ein kleines Buch?

Zugegeben, zu jedem einzelnen Kapitel könnte eine Vielzahl von Büchern verfasst werden. Die Bibliotheken sind bereits voll davon. Doch wie viele und welche dieser Bücher müsste man lesen, um zu sich selbst zu finden? Reicht dazu die Lebenszeit, die man noch hat? Das Hirn des Menschen ist ein Mikrokosmos und es verändert sich jede Sekunde. Eine komplette Analyse des Menschen ist daher ebenso utopisch wie eine vollständige Analyse der Welt. Und: Wissen und Denken allein führt sowieso nicht ans Ziel. Deshalb nur dies kleine Buch.

Teil 1 beleuchtet die grundlegenden Hintergründe und Ursachen der Entwicklung vom lebensfrohen Kind zum an seinem Leben und sich selbst leidenden Erwachsenen. Zum richtigen Verständnis der wesentlichen Zusammenhänge werden dann die Bewegungen des Lebens und das Zusammenspiel der wirkenden Kräfte skizziert.

Teil 2 beschreibt, wie Denkweisen, Gefühle und Verhaltensmuster unser Leben gestalten. Auf dieser Grundlage wird eine Lebenshaltung entworfen, die das Selbst aus der Herrschaft des Ego befreit, einen souveränen Umgang mit Leid ermöglicht und das Selbstgefühl mit Harmonie erfüllt.

Teil 3 fasst den Weg *zur Harmonie in dir* Schritt für Schritt als Leitfaden für den Alltag zusammen.

Wer dafür offen ist, wird schon während der Lektüre dieses Buches eine deutlich spürbare Veränderung seines Selbstgefühls feststellen. Ich würde mich freuen, wenn das Buch dazu beiträgt, das Selbst aus der Umklammerung des Ego zu befreien, die Welt in all ihren Erscheinungsformen (also auch sich selbst) zu lieben und dadurch innere Ruhe, Zufriedenheit und Harmonie in sich selbst zu finden.

Hamburg, 30. August 2005
Michael Ganesh Becker

Im Buch ist häufig von *Selbst*, *Ich* und *Ego* die Rede.
Hier eine kurze Beschreibung, wie diese Begriffe im folgenden zu verstehen sind:

Das *Selbst* ist unser Wesenskern. Es ist das, was unser
Lebendigsein ausmacht. Es ist die reine Lebenskraft, also
das Leben schlechthin. Diese Kraft bewegte uns, als wir
noch Säuglinge waren und noch keine eigene Identität
entwickelt hatten. Es ist das, was in uns lebt, wenn wir
schlafen oder wenn wir im Koma liegen, es ist das, was
uns verlässt, wenn unser Körper stirbt. Das Selbst ist Teil
des großen Ganzen. Es ist die Manifestation dessen, was
wir als *Seele*, die Chinesen als *Chi* und die Hindus als
Prana bezeichnen. Das Selbst wird nicht geboren, es stirbt
nicht, es war schon immer existent und wird es ewig sein.
Es ist die Essenz jedes Lebewesens, die Quelle allen Seins,
das Göttliche, die Schöpfungskraft. Es ist Schwingung, die
sich permanent bewegt. Auf der physikalischen Ebene ist
es Licht, auf der geistigen Ebene „Liebe".

Das *Ich* entwickelt sich durch unser Bewusstsein. Es
teilt sich uns mit als (Ich-)Gefühl, es drückt sich aus durch
unsere Identifikation mit unserer körperlichen Existenz
und durch das Bewusstsein, ein Individuum zu sein. Durch
unser Ich-Bewusstsein trennen wir uns für die Dauer
unserer körperlichen Existenz von der alles umfassenden
Lebensenergie. Durch die Entwicklung des *Ich* erhält unser
Selbst (s)eine Form. Deshalb können wir ein individuelles
Bewusstsein entwickeln und aus dieser Perspektive heraus
dann auch die Existenz unseres Selbst erkennen. Das Ich
ist die Manifestation unseres Selbst und der Motor für
unser *bewusstes* Denken und Handeln.

Das *Ego* steht in diesem Buch für das übersteigerte Ich. Ego ist zwar nur das lateinische Wort für Ich, doch das, was im Folgenden mit Ego bezeichnet ist, hat mit dem ursprünglich gesunden Ich nicht mehr viel gemeinsam. Die Entwicklung des gesunden Ich zum destruktiv wirkenden Ego beginnt, wenn der Mensch anfängt, über sich selbst nachzudenken. So entwickelt sich aus dem Ich (dem „ich *bin*") das Ego (das „*ich* will"). Das Ego drückt sich aus durch geistiges Greifen nach dem Ich und ist ein natürlicher Teil unseres Menschseins. Aus diesem immer noch gesunden Ego entsteht der Antrieb, unser Leben aktiv zu gestalten und unsere grundlegenden Bedürfnisse selbst zu befriedigen. Durch unsere ständig steigenden Bedürfnisse wächst jedoch auch das Ego. Als Folge davon identifizieren wir uns immer weniger mit unserem Selbst, sondern zunehmend mit unserem Ego. Dadurch wird das Ego wiederum gestärkt und letztlich zum Herrscher unseres Selbst. So entwickelt sich aus einem anfangs gesunden Ich-Gefühl zuerst Egoismus, dann Egozentrik und schließlich krankhafte Egomanie. Dieses krankhaft übersteigerte Ego zeigt sich als der am Ich haftende, selbst-süchtige Geist.

TEIL 1

Über Selbst-Erkenntnis

Hast funktioniert ganz wunderbar
alles geschafft, alles ging klar
hast geglaubt, getan, gefühlt, gedacht
was man von dir verlangt
wofür man dich gestreichelt hat
doch irgendwo war da noch was
was du gesucht, doch nicht gefunden hast
was dich verwirrt, was dich bedroht
was kocht in dir, dich stürzt in Not
irgendwas kommt da zu kurz
deshalb droht Systemabsturz
weil die Programme, die dich lenken
bald dein wahres Ich versenken
drum deine Seele immer wieder
dich so quält mit ihrem Fieber
bis du dir selbst vertraust
dich selbst befreist von deiner Last
mit deinem Mut und deiner Kraft
dein Leidprogramm erkannt
und aus dir rausgeworfen hast.

Wie Freude und Glück gehört auch Leid zum Leben jedes Menschen. Das ist unvermeidbar. Die Frage ist, ob wir daran zugrunde gehen oder daran wachsen. Wir können unser Leid nicht wegzaubern, aber wir können lernen, konstruktiv damit umzugehen. Damit wir uns mit unserem individuell erlebten Leid aussöhnen können, werden wir zunächst die Wege ins Leid beleuchten. Das ist notwendig und sinnvoll, weil der Weg ins Leid gleichzeitig den Ausweg in sich birgt. Betrachten wir also zuerst die Realitäten des Alltags:

Schon im Moment der Geburt beginnt das Leid: Der Säugling schreit. Wir alle leiden an irgend etwas, und sei es auf den ersten Blick noch so belanglos. Schau' dich einfach um – bei deinen Kollegen, bei deinen Bekannten, bei deinen Freunden, in deiner Familie. Und betrachte dich selbst. Schau' in die Gesichter der Menschen auf der Straße, in der Bahn, im Fernsehen – überall zeigen sich Spuren von Leid. Heute mehr denn je und ganz besonders in unserer auf Erfolg getrimmten Leistungsgesellschaft finden die Menschen auf natürlichem Weg immer seltener innere Ruhe und inneren Frieden.

Der rasend schnelle „Fortschritt" unserer zivilisierten Welt verläuft offensichtlich im Gleichschritt mit der Zunahme zweifelhafter „Werte" wie Macht, materieller Erfolg, Körperkult und Jugendwahn. Sinngebende Werte wie Liebe, Mitgefühl, Wissen und Weisheit dagegen werden von Menschen, die in erster Linie nach Macht und Erfolg streben, zunehmend belächelt und oft sogar mit einer seltsam herablassenden Art von Mitleid bedacht. Durch diese Ausrichtung entwickeln sich unsere auf Leistung und materiellen Erfolg ausgerichteten Gesellschaftssysteme in nahezu allen Bereichen zu neurotischen, narzisstischen, psychisch und physisch zerstörerischen Ich-Gesellschaften.

Egoist zu sein „lohnt" sich wie selten zuvor, es wird beklatscht, bejubelt und quer durch alle Massenmedien gefeiert. Aggressiv zu sein ist heute eine erstrebenswerte „Qualität", das lernen unsere Kinder schon im Kindergarten und in der Schule. Gewalt und Druck von allen Seiten sind alltägliche Begleiter von frühester Kindheit an. Immer mehr Kinder werden durch die Vermittlung destruktiver Werte sowie durch physische und psychische Gewalt seelisch verletzt, bevor sie überhaupt Gelegenheit zur freien Entfaltung haben. Das setzt sich dann fort in der Jugend und später im Erwachsenenleben. In fast allen Bereichen unseres Lebens werden heute vorrangig Durchsetzungskraft, Erfolgsdenken und Leistungsorientierung verlangt und belohnt, und das nicht nur im beruflichen, sondern auch im privaten Umfeld. Damit wird das Leben von Anfang an zum permanenten Kampf erklärt. Was sich dann in diesem immer gnadenloser geführten Kampf um Macht und Erfolg durchsetzt, ist das starke *Ego*.

Begriffe wie Gewinner, Looser, Weichei, tough und cool beschreiben die aktuelle Situation: Das *Ego* ist der Kult von heute. Und der Tanz um dieses goldene Kalb wird immer schneller und hemmungsloser. Destruktive Verhaltensweisen wie Aggressivität, Ignoranz, Gier und Skrupellosigkeit finden in unserer Leistungsgesellschaft zunehmende Akzeptanz und werden oft sogar bewundert. Diese Entwicklung wird durch die Massenmedien massiv angeheizt, was man am Inhalt diverser Fernsehprogramme und Zeitschriften mühelos erkennen kann. Überall werden Gewinner als Vorbilder aufgebaut und präsentiert. Schon der Zweite wird häufig als Verlierer ins Abseits gestellt. Heute zählt fast überall nur noch der Erfolg, und zwar um jeden Preis. Immer mehr Menschen glauben auch daran und leben diese Werte, weil sie ihnen tagtäglich durch ihre Idole vorgeführt und gebetsmühlenartig von den überall präsenten Meinungsmachern eingetrichtert werden.

„Du brauchst einfach den richtigen Biss. Auf dem Platz musst du mit allen Mitteln kämpfen, da ist die Aggressivität entscheidend, da muss der Rasen brennen. Ich will immer gewinnen. Ich bin eben extrem ehrgeizig. Ich wollte schon immer der Beste sein."

Das sind die Worte eines Spitzensportlers, der als Idol gefeiert wird. Bei seinem Arbeitgeber, den Medien, seinen Kollegen und bei seinen Fans genießt der Mann höchstes Ansehen und großen Respekt. Er ist der Prototyp eines lupenreinen „Gewinners". Auf den ersten Blick scheint er ein Mensch zu sein, der auf der Sonnenseite des Lebens steht. Doch ist das wirklich so? Offensichtlich nicht, denn oft ist sein Gesichtsausdruck alles andere als entspannt und zufrieden. Ist da womöglich etwas schief gelaufen?

Die Entwicklungen und Zustände in unserer heutigen Welt setzen uns Menschen zunehmend unter Druck. Dieser ständig steigende Druck erzeugt inneren Widerstand. Aus diesem inneren Widerstand entstehen Aggressionen, die sich entweder nach außen entladen oder, falls das aus unterschiedlichen Gründen nicht möglich ist, nach innen richten. In letzter Konsequenz führt der innere Widerstand zu irgendeiner Form von Selbstzerstörung, denn er stärkt das Ego. Das gilt sowohl für die erfolgreichen Überflieger wie auch für die immer schneller ansteigende Zahl der Verlierer unseres „Gesellschafts-Spiels".

Viele Menschen spüren, dass irgendwas nicht stimmt. Sie empfinden ein unklares Gefühl innerer Unruhe. Was sich da leise bemerkbar macht, ist das verkümmerte Selbst. Doch das Ego kennt keine Gnade. Das Ego will immer weiter wachsen und arbeitet mit ganzer Kraft daran, das Selbst zu unterdrücken. Als Folge davon entsteht ein permanenter innerer Kampf. Einerseits will der Mensch seine verdrängten positiven Gefühle spüren, andererseits will er seine quälenden negativen Gefühle vergessen. Das Ego reagiert darauf mit Ablenkung und Betäubung. Das kann sogar eine Zeit lang funktionieren, doch irgendwann zahlen die Betroffenen für diesen Weg einen hohen Preis. Auf der Rechnung, die das Leben jedem Menschen vorlegt, steht dann nur ein Wort: LEID.

Leid wird immer im Ego erlebt. Leid äußert sich in Traurigkeit, Unzufriedenheit, Anspannung, Verzweiflung, Angst, Schmerz, Wut und einer Vielzahl anderer quälender Gefühle. Die Leid verursachenden Gefühle sind fast immer die Folge seelischer oder körperlicher Verletzung. Diese Verletzungen entstehen sowohl durch selbstzerstörendes

Denken und Handeln als auch durch Außeneinflüsse wie Krankheit oder Gewalteinwirkung. Um belastende Gefühle ertragen zu können, entwickeln sich im Ego entsprechende Denkmuster und Verhaltensweisen. Oft werden dann die belastenden Gefühle nicht mehr verarbeitet, sondern zumeist durch den Konsum diverser Außenreize kompensiert, verdrängt oder betäubt. So verläuft der direkte Weg ins Leid, welcher Belastungen verstärkt und zu Abhängigkeit und Selbstzerstörung führt.

Jeder Mensch erlebt Leid. Man kann an seinem Leid zerbrechen oder es durchleben und sich damit von seiner Herrschaft über das Selbstgefühl befreien. Für einen sinnvollen Umgang mit Leid braucht es innere Stärke. Innere Stärke entsteht im Selbst. Wird jedoch das Selbst durch das Ego blockiert, ist auch die innere Stärke blockiert. Nur wenn das Selbst frei ist, kann sich die naturgegebene innere Stärke frei entfalten.

Ein zufriedenes Leben *mit* Leid ist möglich, wenn das Ego abgebaut und dadurch der Kontakt mit dem Selbst verbessert wird. Dann kann sich der Mensch wieder stärker mit seinem Selbst identifizieren statt mit seinen (dem Ego entspringenden) Gefühlen und Gedanken, und nur dann wird ein konstruktiver Umgang mit den Leid auslösenden Gefühlen gelingen. Durch das Annehmen, Durchleben und Loslassen der Leid verursachenden Gefühle und Gedanken kann sich jeder Mensch von seinen belastenden (im Ego erzeugten und erlebten) Gedanken und Gefühlen befreien.

Zuerst willst du leben.
Dann willst du dich entfalten.
Dann willst du dich fortpflanzen.

Und dann willst du immer mehr ...

Doch wer sagt dir,
was du wirklich brauchst?

Dein Lebensweg, den du bisher gegangen bist, hat dich an den Punkt geführt, an dem wir uns hier und heute begegnen. Allerhand ist passiert in deinem Leben. Viel hast du getan, hast dich angestrengt für dies oder jenes, hast dich bewegt, dich gelenkt, geplant und entschieden. Du hast geliebt und gehasst, warst glücklich und traurig, hast verflucht und verdammt, hast gewollt und versucht, gewünscht und gehofft, gegeben und genommen, hast gekämpft und gewonnen, gekämpft und verloren. Aber wann warst du jemals wirklich am Ziel?

Vielleicht damals, als du ein Säugling warst - denn damals warst du ganz du selbst. Und dann begann deine Entwicklung zu dem denkenden Menschen, der du heute bist. Unterschiedliche Denkmuster und Verhaltensweisen haben seitdem dein Leben geprägt, und dein Denken wurde mehr und mehr zum Regisseur deiner Gefühle. Unzählige Gefühlszustände hast du mittlerweile durchlebt, Gefühle von Freude und Erfüllung, aber auch von Traurigkeit und Leid. Allerdings immer weniger Freude, dafür immer mehr Leid. Betrachte einfach die Gesichter von Kleinkindern und die Gesichter von Erwachsenen. Der Unterschied im

Gesichtsausdruck ist offensichtlich. In den Gesichtern junger Menschen spiegelt sich Lebensfreude, die man in den Gesichtern von älteren Menschen immer seltener entdecken kann. Der innere Zustand eines Menschen prägt seinen äußeren Ausdruck. Worin liegt der Grund für den Verlust der Lebensfreude?

Kinder denken wenig, sie sind sie selbst und handeln aus sich selbst heraus, denn ihr Ego ist noch klein und schwach. Im Lauf der Jahre treten dann immer mehr Bedürfnisse auf, die befriedigt werden wollen. Wenn das nicht gelingt, entstehen belastende Gefühle und Gedanken. Darüber hinaus ist der Mensch noch vielen anderen negativen Einflüssen ausgesetzt, die ebenfalls auf seinen emotionalen Zustand wirken.

Schon bald identifiziert sich der Mensch überwiegend mit seinen Gefühlen und Gedanken, also mit dem, was er in seinem Ego erlebt, und immer weniger mit dem, was er wirklich *ist*. Je stärker dabei belastende Gefühle wirken, desto intensiver wird der Mensch versuchen, seine Seele vor Verletzung zu schützen. Meistens wird er durch den Einsatz seiner individuell bevorzugten „Hilfsmittel" aus seiner von Angst und Schmerz geprägten Realität in ein Pseudo-Nirwana flüchten, anstatt die belastenden Gefühle zu durchleben und zu verarbeiten. Doch diese Flucht bringt keine Befreiung, denn die belastenden Gefühle lösen sich durch Flucht nicht auf, im Gegenteil. Das Ego wird lediglich mit Energie versorgt und zunehmend gestärkt. Es sagt in einem immer stärkeren Ausmaß „ich will, ich brauche, ich suche, ich wünsche – ICH". Das Ego spezialisiert sich, das Ego funktioniert – und das Ego leidet. Spätestens dann identifiziert sich der Mensch überwiegend mit seinem Ego und nicht mehr mit seinem Selbst.

Zur gleichen Zeit wachsen die Gefühle von Mangel und Frustration, denn der Mensch sehnt sich immer mehr nach Identifikation mit seinem Selbst. Je stärker sich jedoch das gesunde Ich zum krankhaften Ego entwickelt, desto stärker wird das Selbst vom Ego unterdrückt. Dann denkt, fühlt und handelt der Mensch nicht mehr aus seinem Selbst, sondern nur noch aus seinem Ego heraus. So wird alles, was dem Selbst entspringt, in seiner Ausdruckskraft gehemmt. Selbstliebe, Selbstvertrauen, Selbstsicherheit und Selbstwertgefühl können sich nicht mehr frei entfalten, dazu werden die natürlichen Bedürfnisse nach Bewegung, Entfaltung, Vereinigung und Vermehrung zunehmend geschwächt und vom Ego erstickt.

Aus dem Ego melden sich ganz andere Bedürfnisse. Die Bedürfnisse des Ego entstehen durch die Verarbeitung der unzähligen Informationen, die wir tagtäglich durch Werbung, Massenmedien und unser soziales Umfeld aufnehmen und verinnerlichen. Je stärker sich diese Bedürfnisse in uns manifestieren, desto stärker wird das Ego wiederum mit Energie versorgt. Aber selbst dann, wenn diese Bedürfnisse weitgehend befriedigt werden, fehlt das alles erfüllende Selbst-Gefühl. Daher fühlen sich auch viele Menschen, die scheinbar alles haben, innerlich unbefriedigt und leer. Denn das Bedürfnis nach diesem Gefühl der Erfüllung kann durch nichts, was im Außen gesucht und gefunden wird, befriedigt werden. Das gelingt nur durch die Identifikation des Ich mit dem Selbst.

Doch die Gedanken und Gefühle von Egoisten kreisen immer stärker um die eigene Befindlichkeit. Die unerfüllten emotionalen Bedürfnisse erzeugen eine starke innere Spannung, die Krankheiten und großes Leid verursacht. Wenn es nicht gelingt, diese Bedürfnisse zu befriedigen, löst das Ego die innere Anspannung durch Ersatzbefriedigung. Da aber (Ersatz-)Befriedigung immer nur kurzfristig wirkt, entsteht ein Zwang zur Wiederholung und somit süchtiges Verhalten. Ob es sich dabei um Arbeitssucht, Kaufsucht, Erlebnissucht, Fernsehsucht, Magersucht, Esssucht, Spielsucht, Sexsucht oder Drogensucht handelt, ist letztendlich egal. Jedes Suchtmittel hat dieselbe fatale Wirkung: Es „füllt" die Leere des Ich. Der innere Spagat zwischen dem Bedürfnis nach erfüllendem Selbstgefühl und der Wirklichkeit innerer Leere wird immer extremer, verursacht durch ein Ego, das durch die Konzentration der Gefühle und Gedanken auf das Ich an Größe zunimmt, während das Selbst regelrecht verhungert. Das gilt jedoch nicht nur für den klassischen rücksichtslosen Egoisten. Auch ein kranker Mensch oder ein Gewaltopfer verhält sich egoistisch, wenn sich sein gesamtes Sein nur noch um sein Ich-Gefühl dreht. Das scheint dann zwar eher verständlich zu sein, ist deshalb jedoch nicht weniger (selbst)zerstörerisch für alle Beteiligten. Das Ego ist *der am Ich haftende, selbstsüchtige* Geist. Anhaften ist hier gleichzusetzen mit Festhalten, dieses Festhalten wiederum zerstört das gesunde Ich und erstickt das Selbst.

Die Opfer der Selbstzerstörung durch das krankhaft entwickelte Ego füllen heute die Praxen von Ärzten und Psychiatern. Doch die Behandlungserfolge sind ernüchternd: Auf Krankheit folgt Krankheit, auf die erste Therapie folgt die nächste. Suchterkrankungen und Depressionen sind in den Industrienationen weit verbreitete Volkskrankheiten. Suizid ist in unserer westlichen Welt (und in Japan) eine der häufigsten Todesursachen. In Deutschland sterben jährlich rund 11.000 Menschen durch Suizid. Das sind doppelt soviel Todesfälle wie im Straßenverkehr. In der Altersgruppe der 15- bis 35-jährigen Menschen ist Suizid die zweithäufigste Todesursache nach dem Unfalltod. Das mag zwar nur schwer zu glauben sein, ist aber wahr. Diese Tatsachen sind zwar offiziell bekannt, werden jedoch von Staat und Medien so weit wie möglich totgeschwiegen. Aus gutem Grund. Dieses Thema darf einfach kein öffentliches Thema werden. Die dann auftauchenden Fragen zu den Ursachen und die daraus folgenden Antworten würden die Fundamente unserer Gesellschaft grundlegend erschüttern und viele der aktuell gültigen „Wertvorstellungen", die das Volk brav bei der Stange und die Herrscher in ihren Machtpositionen halten, in Frage stellen wenn nicht sogar pulverisieren. Die „Werte" unserer Gesellschaften sind die Basis für ihre Existenz und gleichzeitig Ursache für die rasant zunehmende psycho-soziale Zerstörung. Suizid und viele andere Formen von Selbstzerstörung speziell bei Jugendlichen demaskieren den krankmachenden Zustand besonders unserer westlichen Leistungsgesellschaften in erschreckender Klarheit. Auch ein großer Teil von Krebs, Herz-Kreislaufkrankheiten und vielen anderen Erkrankungen lässt sich zweifelsfrei zu den direkten und indirekten Folgen dieser (Selbst-) Zerstörung zählen.

Das menschliche Ego ist der Preis des Menschseins. Ohne Ego gibt es kein Leid, aber auch keine Freude. Sowohl Leid als auch Freude sind Produkte des Ego, es sind die beiden Seiten derselben "Medaille". Solange wir Menschen sind, werden wir unserem Ego nicht entkommen können. Doch wir können es auf einer *gesunden* Größe belassen und so damit zurechtkommen. Das gelingt dann, wenn wir unsere egoistische Sichtweise der Welt korrigieren und unser Leben neu ausrichten: Fort vom „Ich", hin zum „Du".

Dieser Lebensweg ist ein gesunder, der *natürliche* Weg. Es ist der natürliche Weg des Selbst. Durch den Weg über das Selbst zum Du wird das krankhaft angewachsene Ego abgebaut und das unterdrückte Selbst sozusagen „befreit". Dieser Abbau des Ego wird auch schmerzhaft sein, denn das Ego ist stark und wird immer wieder versuchen, sich gegen sein Schrumpfen zu wehren. Es wird also innere Kämpfe geben, Fortschritt und Rückschritt. Doch letztlich wird das Ego schrumpfen müssen und damit seine destruktive Dominanz über das Selbst verlieren. Denn der Weg des Selbst ist der Weg der Natur. Dieser Weg endet nie und kennt kein Ziel. Er *ist* das Ziel.

Dein Fleisch ist Erde
Deine Knochen sind Stein
Dein Blut ist Magma
Dein Herz ein Vulkan
Deine Nieren sind Schwämme
Deine Lunge ein Baum
Deine Gefühle sind Wasser
Deine Drüsen die Quellen
Deine Tränen das Meer
Dein Hirn ist Kosmos
Deine Gedanken sind Energie
Deine Seele ist Licht
Dein Licht ist Liebe

Im Lauf des Lebens bist du älter geworden. Jeder von uns erlebt mit zunehmendem Alter einen gewissen körperlichen Verfall. Doch was an uns altert und irgendwann „stirbt", sind nur die Stoffe, aus denen wir bestehen. Keine Form von Materie stirbt wirklich. Sie wandelt sich nur. Wenn Holz verrottet, wird daraus Humus, wird es verbrannt, entsteht Asche und Rauch. Nach dem Tod wandelt sich die Materie von Menschen zum Fleisch von Maden und den daraus entstehenden Fliegen, zu Erde, zu Wasser, zu Rauch. Nichts auf dieser Welt kann sich in ein Nichts auflösen. Sind Tiere und Menschen nicht mehr als Blut, Fleisch und Knochen? Ein Kind hat kleine Knochen. Die Knochen wachsen im Lauf des Lebens, später verdichten sie sich oder werden poröser. Das bedeutet, sie bewegen sich permanent. Bewegt sich auch der Knochen eines Koteletts? Was passiert also nach dem Tod mit der Kraft, welche die Knochen lebendiger Lebewesen bewegt?

Niemand wird die Existenz von Gefühlen und Gedanken leugnen. Doch wie und in was wandeln sich diese im Moment des Todes? Wenn du deine Aufmerksamkeit in dich lenkst, triffst du auf deine Gefühle und Gedanken. Wenn du deine Gefühle und Gedanken loslässt, beispielsweise im Zustand von Meditation, wirst du trotzdem wach und lebendig bleiben. So kannst du deinem Selbst begegnen. Dieses Selbst ist die Kraft, die deine Knochen bewegt, die dich leben lässt. Aber was geschieht mit diesem Selbst nach dem Tod? Sollte sich ausgerechnet das Selbst in Nichts auflösen? Natürlich nicht. Es bleibt, was es ist und schon immer war: Reine Lebenskraft. Es bleibt, was jeder von uns in sich trägt: Seele - Licht - Liebe - Leben - Gott. Im Moment des Todes verschmilzt unser Bewusstsein mit dem alles durchdringenden Geist und unsere Lebenskraft mit der allumfassenden, reinen Liebe. Diese Kraft ist grenzenlos, unsterblich und unendlich. Es gibt zwar einen Tod (als eine Art „Wendepunkt"), nicht aber ein Ende.

Die Welt ist vollkommen, wie sie ist. Es kann nicht anders sein, denn alles, was auf unserer Erde geschieht, wirkt konstruktiv zusammen. Wie sonst könnte die Metamorphose von Raupe zu Schmetterling stattfinden, wenn nicht alles vollkommen wäre? Wie sonst könnten Pflanzen wachsen, die Blüten tragen, von deren Nektar sich Kolibris nähren, die dann den Blütenstaub dieser Pflanzen weitertragen und damit deren Fortpflanzung möglich machen? Wie sonst könnten sich von den Früchten eines Mangobaumes Papageien ernähren, die wiederum von einem Python gefressen werden, der seinerseits einem Jaguar als Nahrung dient? Alles Leben ist auf Geben und Nehmen ausgerichtet. Alle Lebewesen brauchen einander und ernähren sich gegenseitig. Der Frosch ernährt sich vom Insekt und nährt den Storch. Putzerfische säubern den Zackenbarsch und genießen dafür seinen Schutz. Jedes Lebewesen hat seine spezifischen Aufgaben und Bestimmungen und verfügt über alle

Eigenschaften und Fähigkeiten, die es zur Erfüllung seiner Lebensaufgaben braucht. So hat die Schöpfungskraft der Natur unser aller Leben auf dem Planeten Erde gestaltet. Alles ist gut so, wie es ist – denn sonst wäre alles anders.

Das gilt zweifellos auch für uns Menschen. Auch wir Menschen sind ein Teil dieses Ganzen. Auch wir „müssen" geben und nehmen, uns hingeben und hinnehmen, nähren und ernähren, leben und sterben. Der Mensch ist nur *eine* Lebensform unter unzähligen anderen Arten. Krone der Schöpfung jedoch ist der Mensch nur aus seiner eigenen *egoistischen* Sicht.

Das Leben ist eine Einheit, und deshalb haben die unterschiedlichen Lebensaufgaben aller Lebewesen einen gemeinsamen Sinn: Jedes Geschöpf leistet durch den spezifischen Verlauf seines Lebens (s)einen unverzichtbaren Beitrag zu Bewegung, Entwicklung, Wachstum und Wandlung des Lebens in seiner Ganzheit. Leben ist Schöpfung und Fortpflanzung, Entfaltung und Wandel, Wachstum und Niedergang, Sterben und Werden, Tod und Geburt, Licht und Dunkelheit, Zerstörung und Liebe. Zu dieser harmonischen Bewegung der Welt gehören natürlich auch die entsprechenden „negativen" Aspekte. Überall, wo Licht ist, ist auch Schatten. Die einen sterben, damit die anderen überleben. Leben und Sterben bedingen einander. All das ist der Gang der Natur. So zirkuliert der Kreislauf des Lebens, der die Welt durch seine endlose Bewegung zusammenhält. So verläuft der natürliche Weg.

Jedes Lebewesen hat seine wesensgemäßen Stärken und Schwächen. In Sibirien existiert eine Krötenart, die monatelang eingefroren in einem Eisblock überleben kann. Haie können über eine Entfernung von vielen Kilometern die elektromagnetischen Felder anderer Fische wahrnehmen. Jagdfalken können UV-Strahlung sehen. Adler unterscheiden aus einer Höhe von 10 000 Metern Hase und Igel.

Ameisenvölker führen ihre Kriege mit maximaler Effizienz (deshalb erforscht das US-Militär zur Optimierung ihrer Kriegführung die Strategien von Ameisen). Menschen können vom Mittelpunkt der Erde bis ins Weltall denken.

Wie jede Pflanze und jedes Tier trägt auch jeder Mensch alle Anlagen für die Entwicklung der Eigenschaften und Fähigkeiten, die er für die Erfüllung seiner individuellen Lebensaufgabe benötigt, in sich (genauer gesagt: In seinem Selbst). Was ihn dann jedoch im Lauf seines Lebens von seinem natürlichen Lebensweg ablenkt, ist sein krankhaftes, *Selbst*-sabotierendes Ego. Und je stärker sein erkranktes Ego an Kraft gewinnt, desto weiter entfernt sich der Mensch von seinem gesunden Lebensweg.

Im krankhaft überentwickelten Ego liegt auch der Ursprung der menschlichen Idee, den Gang der Welt nach seinen Vorstellungen verändern zu können. Die Natur der Welt bleibt von diesen naiven Versuchen jedoch vollkommen unbeeindruckt. Sie reagiert darauf mühelos, übergreifend und sinnvoll. Kaum glaubt der Mensch, etwas „erreicht" zu haben, antwortet die Welt darauf mit der unwiderstehlichen Kraft ihrer Natur. Nur eben manchmal auf einer etwas anderen Zeitschiene, als sie im Weltbild der meisten Menschen präsent ist. Gegen diese universelle Kraft kann der Mensch letztlich nichts bewirken. Denn diese Kraft ist die *Schöpfung*. Schöpfung ist das Absolute. Wir Menschen sind sowohl ihr Produkt als auch ein Teil ihrer Kraft – niemals aber ihr Meister.

Trotz unserer hoch entwickelten Intelligenz sind wir Menschen offensichtlich (noch) nicht dazu fähig, bei unseren Entscheidungen und den daraus folgenden Handlungen die Wechselbeziehungen auf unserem Planeten einzubeziehen. Mit großer Anstrengung arbeiten wir daran, das harmonische Zusammenspiel des Systems Erde zu stören. Auf den ersten Blick scheint das paradox zu sein. Das ist es aber nicht, denn auch wir Menschen sind ein Teil dieser Welt. Deshalb gehört auch das „Falsche" an uns Menschen zur Harmonie der Welt. Wir sollen *Erfahrungen* sammeln. Die Welt ist vollkommene Harmonie. Was könnte sie sonst sein. Also gibt es keinen Grund, sich vor irgend etwas zu fürchten. Wir können unbesorgt darauf vertrauen, dass in letzter Konsequenz alles gut und richtig ist, was auf unserem Planeten geschieht. Ganz sicher entfaltet sich das Universum exakt so, wie es sich entfalten muss und soll. Daran kann es keinen Zweifel geben.

Der Weg der Welt ist der Weg des Lebens. Der Weg des Lebens ist der Weg der Natur. In der Natur gehen alle Bewegungen den Weg des geringsten Widerstandes. Der Weg der Natur ist der Weg des Selbst. Der Weg des Selbst entspricht der Harmonie der Welt – und nur dieser Weg führt zur Harmonie in dir.

DER WEG DES SELBST

Das Leben als Last
oder leben als Spiel?
Ein Weg voller Leid
oder Spaß als Ventil?
Marionette
oder Mensch mit Profil?
Hast du schon alles
oder willst du zuviel?

Erst wenn du Liebe lebst
bist du am Ziel.

Der Weg des Selbst ist einfach, aber auch eine Herausforderung. Jeder Mensch kann sich für diesen Weg entscheiden und ihn dann gehen. Auch du kannst das. Auf diesem Weg erwarten dich Zufriedenheit, innere Ruhe, innerer Frieden und die Befreiung deiner Empfindung von Leid. Du wirst dich selbst neu entdecken. Du wirst die Welt lieben können, wie sie ist und damit auch dich selbst. Dann wirst du endlich wieder ganz du Selbst sein. Es lohnt sich also, diesen Weg kennen zu lernen und ihn dann auch zu leben - nicht nur als Handlung, sondern als *Haltung*.

Der Weg des Selbst ist der natürliche Weg des Lebens. Das Selbst ist frei von allem. Es ist einfach nur das reine *Leben*.

Was alle Lebensformen leben lässt, ist ihr Selbst. Aus dem Selbst spricht die Stimme der wahrhaftigen Weisheit. Diese Stimme spricht auch in dir. Auch in deinem Selbst lebt die Wahrheit der Welt. Das Selbst ist permanente

Bewegung. Es atmet ein und atmet aus, es bewegt sich in einem ewigen Wechsel von Spannung und Entspannung. Im Selbst schwingt die Harmonie der Welt.

Das Selbst drängt nach Bewegung, Entfaltung, Vereinigung und Vermehrung. So entsteht Leben, und wieder ist das Selbst „gefangen" in (s)einem Körper. Zerfällt dieser Körper eines Tages, ist das Selbst wieder frei. Das Selbst ist unsterblich. Das Selbst ist der eigentliche Schatz in jedem von uns. Das Selbst ist die echte, reine, unendliche, und alles umfassende Liebe. Jeder Mensch kann diesen Schatz für sich entdecken – und sich damit seiner selbst bewusst werden.

Das Selbst ist nicht greifbar, das Selbst greift nicht. Es will nicht, braucht nicht, sucht nicht, strebt nicht, wünscht nicht. Es ist sich selbst genug. Das Selbst ist Ruhe und Wahrhaftigkeit. Und das Selbst kennt kein Leid. Bestimmt kennst auch du einen Menschen, der spürbar „in sich selbst ruht". Solche Menschen strahlen Zufriedenheit, Freundlichkeit, Gelassenheit, Milde, Mitgefühl und Weisheit aus. Und zwar unabhängig davon, ob sie selbst leiden oder nicht. Sie *ruhen* einfach in sich selbst. Jedes Tier in freier Wildbahn ruht in sich selbst. Es lebt einfach und geht seinen natürlichen Weg. Tiere, die auf ihrem natürlichen Weg behindert oder gestoppt werden, treffen wir als verhaltensgestörte Adler, Bären und Delphine im nächsten Zoo. Den entsprechenden Menschen-Zoo betreten wir täglich beim Schritt vor die Haustür.

Den Weg des Selbst zu gehen heißt für uns Menschen, *grundsätzlich* Liebe zu leben. Das bedeutet, alles Lebendige so zu lieben, wie es ist, die Welt so zu lieben, wie sie ist, die Menschen so zu lieben, wie sie sind und sich selbst so zu lieben, wie man ist. Menschen, die Liebe geben, werden vom Leben geliebt. Jedes Gefühl und jeder Gedanke, den wir nach außen richten, wirkt zugleich in uns selbst. Somit entscheiden wir selbst, wie wir uns mit unserem Leben fühlen. Was wir geben, kommt auf uns zurück. Im Unterschied zu Tieren können wir Menschen reflektieren und haben innerhalb gewisser Grenzen die Möglichkeit der Wahl. Wie jedes Lebewesen hat auch der Mensch die naturgegebene Bestimmung, seine individuellen Anlagen und Fähigkeiten in vollem Umfang zu entwickeln und in sein Leben einzubringen. *Wir* als Spezies Mensch können und „sollen" *Liebe leben* !

Aber wir kennen doch so vieles auf unserem Planeten, was uns ganz und gar nicht liebenswert erscheint. Was ist mit den Menschen, die Leid erzeugen, die unmenschlich grausam sind, die andere quälen, foltern und töten, mit Terroristen, Kriegsherren, Vergewaltigern und Mördern? Wie kann es richtig sein, Bosheit in Menschengestalt nicht zu verurteilen und zu verabscheuen, sondern sogar zu lieben? Ist das wirklich denkbar? Frage dich einfach selbst: Was genau ist es denn, was an „schlechten" Menschen schlecht und böse ist? Als Neugeborene waren diese Menschen ganz sicher nicht schlecht. Das, was sie schon damals leben ließ, ist es, was sie als Lebewesen ausmacht. Genau das ist es, was nach wie vor liebenswert ist und immer bleibt – das reine Selbst. Was Unheil und Leid erzeugt, sind „nur" das Denken, das Verhalten und die Handlungen dieser Menschen. Dieses Denken und Verhalten entsteht im Ego. Also ist nicht der Mensch in seinem *Wesenskern* der Übeltäter, der „Übeltäter" ist sein *Ego*, das im Lauf der Jahre zum Herrscher seines Selbst und zum einzigen Bezugspunkt seiner Identität geworden ist. Dann identifiziert sich der Mensch nicht mehr mit seinem Selbst, sondern nur noch mit seinem im Ego entstandenen Denken, seinen Gefühlen, seinen Handlungen sowie seiner subjektiv erlebten und objektiv gelebten Rolle in seinem gesellschaftlichen Umfeld. Doch auch ein böse und grausam handelnder Mensch hat jederzeit die Fähigkeit, sich vom Übeltäter zum Wohltäter zu wandeln - wenn es ihm gelingt, sich von den destruktiven Konditionierungen seines Ego frei zu machen und sich wieder mit seinem Selbst zu identifizieren.

Das Selbst eines Menschen zu lieben bedeutet also nicht, jede seiner Handlungen lieben zu müssen.

Doch wohin genau führt uns nun der Weg des Selbst? Er führt uns zu wahrhaft gelebter Liebe, echtem Mitgefühl, fundamentalem Wissen und essenzieller Weisheit, beständiger Selbstliebe, grundlegendem Selbstwertgefühl, klarem Selbstbewusstsein, wirklicher Selbstsicherheit und unerschütterlichem Selbstvertrauen. Jeder Schritt auf diesem Weg bringt uns ein Stück mehr innere Ruhe, Harmonie und Zufriedenheit. Und das Schöne ist: Was wir einmal erkannt und gelebt haben, bleibt uns für immer.

Den Weg des Selbst zu gehen heißt zunächst einmal, den Weg des Ego zu verlassen. Was genau bedeutet das?

Es bedeutet, am Spiel des Lebens teilzunehmen, den Bewegungen des Lebens zu folgen, geistig loszulassen und den Widerstand gegen den Gang der Welt aufzugeben.

Es bedeutet, durch eigenständiges, reflektierendes und bewusstes Denken das Selbstgefühl und damit das eigene Leben selbst(verantwortlich) zu gestalten.

Es bedeutet, alle Gefühle zuzulassen, sie anzunehmen, sie zu durchleben, ihnen zu vertrauen und sie zu lieben.

Es bedeutet, Vertrauen in die Schöpfung, die Kräfte des Lebens und die Weisheit des Selbst zu entwickeln, scheinbare Sicherheiten loszulassen und sich damit von blockierenden Gewohnheiten zu lösen.

Es bedeutet, die eigene innere Stimme wahrzunehmen, dieser inneren Führung zu vertrauen und ihr mit Mut und Entschlossenheit zu folgen.

Es bedeutet, für geistige Entspannung zu sorgen und die aufgebaute innere Spannung auf natürliche Weise rechtzeitig auszugleichen.

Es bedeutet, der Welt und dem Leben grundsätzlich mit Liebe zu begegnen und weder sich selbst noch andere(s) durch destruktives Verhalten zu schädigen.

Willst du das wirklich?

Falls ja, wird das nämlich bedeuten, dass du nicht nur dein Ego, sondern damit auch deine bisherige „Identität" „verlierst", weil du dich zu einem „anderen" Menschen entwickelst. Dann gibt es keinen Weg zurück. Denn aus Milch kann Joghurt werden, aus Joghurt aber niemals wieder Milch.

Teil 2

Über Selbst-Befreiung

Du greifst ein Ei und hältst es fest.
Die Schale ist dünn und das Ei zerbricht.
Du greifst den Hahn und hältst ihn fest.
Der Hahn befreit sich und fliegt davon.

Du siehst einen Adler am Himmel und öffnest deine Hand.
Und schau, der Adler landet auf deinem Arm.

Leben ist Bewegung. Ohne Bewegung gibt es kein Leben. Alles, was lebt, bewegt sich unentwegt. Sämtliche Bewegungen des Lebens verlaufen unregelmäßig, sind also nicht linear. Jeder Atemzug unterscheidet sich vom vorangehenden wie auch vom nachfolgenden. Der Rhythmus des Herzschlags und die Fliessgeschwindigkeit von Blut sind niemals völlig gleich. Ein Lebewesen kann sich zwar mit nahezu absoluter Präzision bewegen, niemals jedoch absolut gleichmäßig. In jeder Bewegung des Lebens zeigt sich Spannung und Entspannung. Alles pulsiert permanent. Endlose Bewegung „belebt" nicht nur unsere Erde, sondern das gesamte Universum. Das Ende von Bewegung ist Stillstand, und Stillstand ist gleichbedeutend mit Tod.

Im Moment dieser Vorstellung *bewegt!* ein überaus faszinierendes Bild mein Hirn: Stell´ dir vor, du würdest unsere Erde als Ganzes betrachten, so, wie ein Astronaut sie sehen kann, zugleich aber so stark vergrößert, dass du sie in allen Details erkennen kannst. Ist das nicht überwältigend, wie sich dort unten alles bewegt, wie alles zusammenhängt, wie das Eine auf das Andere wirkt, wie Wind die Wolken bewegt, wie Wellen im Ozean entstehen, wie Eisberge schmelzen und Gebirge zerbröckeln, wie ein

Küken schlüpft, wie Vögel fliegen und Fische schwimmen, wie sich Lebewesen vereinigen und wieder trennen, wie sich Gedanken bewegen, wie pausenlos Altes vergeht und daraus immerfort Neues entsteht? In diesem Moment kannst du klar erkennen, in welchem Ausmaß Bewegung unser Leben bestimmt.

Was bedeutet das nun für uns Menschen? Bewegung als Grundlage des Lebens hat eine gravierende Wirkung auf unser Sein. In Bezug auf unser Selbstgefühl geht es hier in erster Linie um *Greifen*, *Festhalten*, *Anhaften* und *Loslassen*. Daraus entstehen Unruhe und Ruhe, Leid und Leichtigkeit, Gefangenschaft und Befreiung. Werfen wir also zuerst einen Blick auf die Entwicklung unserer grundlegenden Verhaltensweisen.

Anfangs hat der Mensch Hunger und Durst. Er kennt noch kein Ich. Er lebt einfach aus seinem Selbst heraus. Seine Wahrnehmung ist nur auf die Außenwelt gerichtet. Seine Empfindungen äußern sich als Lachen, Weinen, Schreien. Dann lernt der Mensch, seine Umwelt zu benennen. So beginnt seine Entdeckung der Welt. Schnell ergründet der junge Mensch die verschiedensten Dinge und wird immer neugieriger. Und dann entdeckt der Mensch sein Ich. Damit beginnt auch die Entstehung von Gefühlen, die ursprünglich reine Empfindungen waren. Und je mehr Erfahrungen der junge Mensch auf seinem Lebensweg macht, je mehr sich sein Ich mit Inhalt füllt, desto vielschichtiger entwickelt sich seine Denkfähigkeit und das Spektrum seiner Gefühle. All das ist Bewegung.

Im Lauf unseres Lebens nehmen wir Millionen unterschiedlichster Informationen auf. Unzählige Gefühle und Gedanken kommen und gehen, werden verarbeitet und verdrängt, festgehalten und losgelassen. Unser Ich wird geprägt durch unsere Anlagen und Erfahrungen. Alles, was wir fühlen, denken, empfinden, erleben und tun, gestaltet unser individuelles Ich. Unsere Gefühle, Gedanken und Handlungen sind immer die Folge von Ursachen. Selbst dann, wenn wir die Möglichkeit zur Entscheidung haben, ist jede dieser scheinbar selbst bestimmten Entscheidungen die Konsequenz von etwas, was vorher war. Wir meinen zwar, wir könnten uns selbst lenken, doch wir reagieren nur auf die unzähligen Einflüsse, die in uns zusammentreffen und wirken. Nicht wir selbst bewegen uns, es ist die Bewegung der Welt, die uns unbemerkt zieht und treibt.

Doch Eltern, Schule und Gesellschaft haben uns anderes gelehrt. Von Kindheit an bemühen wir uns, gegen die natürliche Bewegung der Welt anzukämpfen. Schon bald wollen wir mehr als das, was uns geschenkt wird. Der Grund dafür liegt in unserer Angst, zu kurz zu kommen. Deshalb unternehmen wir immer größere Anstrengungen, um die Realität unseren Wünschen gemäß zu ändern. Bei genauer Betrachtung sind diese Anstrengungen jedoch nichts anderes als Widerstand. Damit ist nicht die Art von Anstrengung gemeint, die man aufbringt, um im Rahmen seiner Möglichkeiten ein realistisches Ziel zu erreichen. Gemeint ist damit der Widerstand gegen naturgegebene Realitäten. Es kann zu einer sinnlosen Lebensaufgabe werden, sich gegen eine Mauer zu stemmen. Man kann ein Hindernis zwar auch umgehen, doch das Ego will grundsätzlich mit dem Kopf durch die Wand. Doch je mehr wir uns gegen die natürlich wirkenden Kräfte auflehnen, desto weniger gefällt uns die Welt. Und je weniger sie uns gefällt, desto unzufriedener fühlen wir uns. Als Folge davon entstehen laufend neue Bedürfnisse, die befriedigt werden wollen. Wir brauchen und wollen immer mehr – also *greifen* wir nach immer mehr.

Greifen entsteht aus Verlangen. Wir greifen nach allem, was wir als „gut" und nützlich empfinden. Es geht dabei nicht so sehr um das Greifen nach einer Tomate oder einem Buch. Hier geht es um geistiges Greifen, welches zugleich auch der Ursprung materiellen Greifens ist. Im geistigen Sinn greifen wir nach Sicherheit, Zuwendung und Anerkennung, einfach nach allem, was zur Befriedigung emotionaler Bedürfnisse dient. Durch dieses geistige Greifen verfestigt sich unsere Lebensenergie in vielfältige Formen. Sie manifestiert sich in Form von Gedanken, Gefühlen, Ansichten, Hoffnungen, Wünschen und allerhand mehr. Gesundes Greifen ist natürlich völlig normal und keineswegs falsch. Jeder Mensch greift auf gewisse Weise nach diesem und jenem, sonst wäre ein Überleben nicht möglich. Doch auch hier gilt der Satz: „Die Dosis macht das Gift!" Wenn beispielsweise ein Mensch nach der Zuwendung eines von ihm geliebten Menschen greift, sein Bedürfnis aber nicht erfüllt wird, wird das unerträgliches Leid bei der greifenden Person verursachen. Je krampfhafter der nach Zuwendung und Liebe greifende Mensch an seinem unerfüllten (vielleicht sogar unerfüllbaren) Wunsch festhält, desto schlimmer wird er leiden müssen. Greifen ist die andere Seite von Hingabe - es ist das „ICH will". Immer, wenn wir nach etwas greifen, greifen wir damit zugleich nach unserem Ich. Greifen und Festhalten gehen sozusagen Hand in Hand. Das geistige Greifen und *Festhalten* am eigenen Ich ist eine grundlegende Ursache für eine Entwicklung des gesunden Ich zum krankhaften und zerstörerischen Ego.

Festhalten ist die unabwendbare Folge von *Greifen*. Wir Menschen halten fest an unzähligen materiellen, besonders jedoch an den geistigen Objekten unserer Begierde. Wir halten fest an Vorstellungen, Wünschen, Hoffnungen, Wissen, Verhaltensweisen, Gewohnheiten, Denkmustern, angenehmen und unangenehmen Gefühlen. Je nachhaltiger wir an etwas festhalten, desto vertrauter wird es uns. Je vertrauter uns etwas ist, desto sicherer fühlen wir uns damit. Festhalten verstärkt zwar das Gefühl der Sicherheit des Vertrauten, gleichzeitig aber auch die Angst vor der Unsicherheit des Neuen. Die grundlegenden

Ursachen für das Festhalten an Gefühlen und Gedanken sind also einerseits das Bedürfnis nach Sicherheit, andererseits die Angst vor dem Unbekannten. Deshalb halten wir hauptsächlich an den Dingen fest, die uns ein starkes Gefühl von Sicherheit geben. Wir halten an etwas fest aus Angst, es wieder zu verlieren, weil wir damit auch das Gefühl der Sicherheit verlieren würden, welches wir durch unser intensives Festhalten aufgebaut haben. Deshalb ist es insbesondere die Angst vor dem Verlust von Sicherheit, an der wir festhalten. Indem wir an unseren Ängsten festhalten, werden wir uns irgendwann gerade mit diesen Ängsten sicher fühlen. Die Wurzel all unseres Festhaltens ist letztlich die Angst vor der Angst.

Wenn wir etwas Bewegliches festgehalten, bedeutet das gleichzeitig, dass Bewegung unterbrochen und gestoppt wird. Festhalten verhindert Bewegung. Doch Bewegung ist das Wesen allen Lebens. Was auch immer wir an Lebendigem festhalten, es will sich bewegen und wird versuchen, sich zu befreien. Durch diesen inneren Kampf entsteht eine zunehmende Spannung und ein immer stärkerer Druck auf das, was festgehalten wird. Entweder kann sich das Festgehaltene befreien, weil die festhaltende Kraft erlahmt, oder es wird irgendwann unter dem permanenten Druck zerbrechen. Doch damit nicht genug: Alles Lebendige, was wir festhalten wollen, trägt sowieso bereits den Keim seines Sterbens in sich. Festhalten ist also in jedem Fall sinnlos. Nichts Lebendiges kann uns jemals für immer gehören. Wenn wir jedoch nicht greifen, kommt alles, was wir wirklich brauchen, ganz von selbst zu uns. Wenn wir diese „Geschenke" dann nicht festhalten, wird die natürliche Anziehungskraft wirken. Das gilt ganz besonders für das Festhalten und *Loslassen* von Gedanken, Gefühlen und allem anderen, was lebt und sich bewegt.

Loslassen ist unentbehrlich für den Kreislauf des Lebens und die fortwährende Wandlung der Welt. Es ist die Voraussetzung für jede Art von Fortpflanzung und Entwicklung. Pflanzen lassen ihre Samen los, Vögel legen ihre Eier ins Nest und Männer lassen ihr Sperma fließen. Alles was lebt, bewegt sich, weil es zuvor losgelassen wurde. So, wie auch eine Mutter ihr ungeborenes Kind loslassen wird und es dadurch zur Welt bringt. Loslassen in jeder Beziehung ist natürlich und gesund. Nur wenn wir unsere Gefühle und Gedanken zulassen, sie dann aber auch wieder loslassen, können Geist und Seele beweglich bleiben und sich weiterentwickeln. Wenn wir jedoch an unseren Denkmustern und Gefühlen festhalten, wird das Ego gestärkt, unser Geist gelähmt und unsere Seele (das Selbst) früher oder später durch das Ego erstickt.

Vielleicht wirst du jetzt fragen: „Kann Loslassen wirklich die Lösung all meiner Probleme sein? Wäre das nicht viel zu einfach? Wie finde ich dadurch einen Lebenspartner, wie heilt es meine Krankheit, bringt es mir Geld oder einen Arbeitsplatz?" Nun, ganz so einfach geht es leider nicht. Die Wirkung von Loslassen findet auf einer anderen Ebene statt. Zur Verdeutlichung stellen wir uns einfach das Gegenteil vor: Wenn wir an der Suche nach einer Liebesbeziehung festhalten, wirkt das negativ auf unsere Ausstrahlung und treibt mögliche Partner von uns weg. Wenn wir an den Gedanken festhalten, die um unser Kranksein kreisen, werden wir immer stärker darunter leiden. Wenn wir an unserer Jagd nach Geld festhalten, werden wir nie genug haben. Wenn wir an unseren Gedanken an Arbeitslosigkeit festhalten, blockieren wir damit unsere Lebensfreude. Lassen wir diese Art des Denkens los, gerät alles in Bewegung und schon bald bestimmen ganz andere Gedanken und Gefühle unser Selbstgefühl. Wichtig ist dabei, das Loslassen nicht nur als Handlung auszuüben, sondern als Haltung zu leben. Festhalten ist eine starre Haltung, Loslassen ist eine bewegliche Haltung. Bewegung ist Leben.

Also einfach nur loslassen? Das sagt sich so einfach, aber wie genau geht das eigentlich? Was genau ist zu tun, wenn die losgelassenen Gedanken und Gefühle immer wieder zurückkommen? Die Antwort lautet: *Üben.* All das ist keine Zauberei, auch hier gilt: „Übung macht den Meister." Es ist klar, das sich die quälenden Gedanken nicht mit einem Fingerschnippen in Nichts auflösen. Also gib nicht auf, vertraue deinem Selbst und lenke deine Aufmerksamkeit immer wieder auf ein Ziel außerhalb deiner selbst. Beobachte dich selbst in einer belastenden Situation, und du wirst erkennen, in welchem Ausmaß deine Gedanken (bis dahin *unbemerkt*) immer wieder um das gleiche Thema kreisen. Dann ändere *bewusst* das Ziel deiner Aufmerksamkeit, immer wieder, und irgendwann wird dir das Loslassen in Fleisch und Blut übergegangen und damit zur lebendigen Haltung geworden sein. Loslassen hat übrigens mit Verdrängen nichts zu tun. Verdrängte Gedanken und Gefühle werden lediglich unterdrückt, nicht jedoch losgelassen. Loslassen bedeutet, dass die Gedanken und Gefühle wahrgenommen, durchlebt, dann aber *nicht festgehalten*, sondern *bewusst* wieder *losgelassen* werden.

Fülle eine Kiste mit Stroh, verschließe sie und säge ein Loch in eine Seite, so groß, dass deine Hand durch die Öffnung passt. Dann lege vorsichtig ein bebrütetes Hühnerei in die Kiste. Eines Morgens hörst du ein zaghaftes „Piep". Du steckst deine Hand durch die Öffnung in die Kiste und *greifst* nach dem frisch geschlüpften Küken. Wenn du es *festhältst*, kannst du die Hand nicht mehr durch die Öffnung ziehen, ohne dabei das Küken zu verletzen oder zu zerquetschen. Was würde wohl geschehen, wenn du das Küken *loslässt* und mit offener Hand vor der Kiste einfach wartest? Dann wirst du schon bald spüren, wie sich Leben bewegt und ganz von selbst zu dir kommt.

Greifen ist Begierde. Festhalten ist Angst. Loslassen ist Vertrauen.

Befreist du dein Denken,
befreist du dich selbst.
Lenkst du dein Denken,
lenkst du dich selbst.
Beruhigst du dein Denken,
beruhigst du dich selbst.

So, wie du denkst,
lebst du dich selbst.

Kann Denken gestalten? Was dachte wohl Edison bei seiner Erfindung der elektrischen Glühbirne? Was denkt ein Biber, der seinen Damm baut? Was denkt eine Spinne, die ihr Netz webt? Kein Mensch kann ein Spinnennetz herstellen. Was denken Ameisen, die das Leben in ihrer Ameisenwelt höchst komplex organisiert haben? Was denkt ein Papagei, der über 70 Begriffe verstehen und sie zuordnen kann wie ein 4-jähriges Kind? Was dachte Albert Einstein, als er die Relativitätstheorie entwickelte? Er hat die Lösung des letzten und entscheidenden Problems nachts im Traum gefunden! Gedanken besitzen Schöpfungskraft, und jeder Handlung geht ein Gedanke voraus. Doch gestaltet wirklich nur das reine Denken?

Seit Anfang des 20. Jahrhunderts steht fest, dass Erwartung, also das Denken von Menschen, das Ergebnis von physikalischen Versuchen beeinflusst. Alles, was wir Menschen auf dieser Welt geschaffen haben, wurde zuvor gedacht. Gedanken erschaffen Sprache. Sprache ist ein Code, der unsere Gedanken konkret wahrnehmbar macht. Mit jedem Gedanken, den wir bewusst wahrnehmen, sprechen wir zu uns selbst. Jeder Gedanke ist eine Kraft, die sich eines Tages in irgendeiner Form materialisiert. Gedanken wirken sowohl in unseren Gefühlen als auch in unseren Handlungen. Zwischen Gedanken und Gefühlen besteht eine Wechselwirkung. Gedanken wecken Gefühle und Gefühle erzeugen Gedanken. Gedanken lenken Gefühle und Gefühle lenken Gedanken. Wir Menschen gestalten durch Gedanken unser Selbstgefühl. Wir können uns fröhlich, aber auch traurig denken. Wir können uns durch unser Denken bestens programmieren. Denn alles, was wir denken und fühlen, wird als „Software" sowohl in unserem Bewusstsein als auch im Unterbewusstsein „installiert". Doch ist es nur *diese* „Software", aus der die Konzeption jeder Form von Gestaltung entsteht? "Software" existiert in jedem Lebewesen in Form seiner Gene. Die genetisch angelegte Software lässt die Spinne ihr Netz gestalten, wir Menschen konzipieren und gestalten mit Hilfe der durch unser Denken geschriebenen „Software" unter anderem Computer, Glühbirnen und den größten Teil unseres Selbstgefühls. Die in den Genen gespeicherte „Software" haben nicht wir Menschen geschrieben, *diese* Software war schon immer da, sie ist der Ursprung von allem, was ist.

Das Unterbewusstsein von uns Menschen hat die Tendenz, jeden Gedanken zu realisieren. Entscheidend für die Kraft der Gedanken ist die Fähigkeit, sich konzentrieren zu können. Konzentration ist der Treibstoff für unsere Gedanken. Konzentration verdichtet unsere Lebensenergie und stärkt auf diese Weise die Kraft unserer Gedanken. Gleichzeitig wird unsere Konzentration sowohl durch unsere Gedanken als auch durch bewusste und unbewusste Gefühle gelenkt und verstärkt. Durch eine bewusste Entscheidung können wir unsere Konzentration auf jeden gewünschten Punkt lenken. Je intensiver wir uns auf etwas konzentrieren, desto mehr Energie leiten wir in das Objekt unserer Konzentration und bewirken dadurch seine Verstärkung und Verfestigung.

Gedanken, die im Ego entstehen, kreisen überwiegend um das eigene Ich. „Wie kriege *ich* dies, wo finde *ich* das, warum fühle *ich* mich schlecht, wie fühle *ich* mich besser, warum bin *ich* arm, wie werde *ich* reich?" In diesem Zustand neigen viele Menschen dazu, die Gefühle, die sie als negativ empfinden und unter denen sie leiden, permanent zu beobachten und zu analysieren. Dieses „selbst-süchtige" Denkmuster führt jedoch konsequent zu Frustration und Leid. Die Konzentration des Denkens auf das Ich füttert die belastenden Gefühle fortwährend mit neuer Energie. Das verstärkt den Leidensdruck. Ganz sicher konnte noch niemand, der unzufrieden oder angespannt war, den innere Unruhe und Angst quälte oder irgend eine andere Form von Leid, durch Konzentration seines Denkens auf seine als negativ empfundenen Gefühle sein Selbstgefühl verbessern. Das Bedürfnis nach Verbesserung des Selbstgefühls kann niemals durch selbstsüchtiges Denken befriedigt werden. Je intensiver ein Mensch an sein Leiden denkt, desto deutlicher wird er es spüren. Dagegen wird das Leidgefühl sofort nachlassen, wenn die auslösenden Gedanken losgelassen werden und das Denken in eine andere Richtung gelenkt wird. Damit ist jedoch nicht das sogenannte positive Denken gemeint. Positives Denken als eine heutzutage überaus angesagte Methode, welche sämtliche negativen Aspekte des Lebens ausblendet und sich am Positivismus berauscht, ist auch nur eine Droge für die Seele, ausgestattet mit allen Begleiterscheinungen, die zum Wesen einer Droge gehören. Positives Denken, welches sich nur um das eigene Innenleben dreht, ist nämlich ebenfalls selbst-süchtig. Ich-bezogenes Denken stärkt das Ego und damit das Leid.

Bei all dem wird unser Denken jedoch nicht nur von uns selbst, sondern zunehmend von Außeneinflüssen gelenkt. Massen von Informationen, die wir tagtäglich in uns aufnehmen, beeinflussen unser Denken. Viele davon halten wir fest und machen sie damit zu unserer „eigenen

Meinung". Wir denken die Gedanken anderer, ohne es zu merken. Dieses (im Ego stattfindende) Denken gestaltet auch viele unserer Wertvorstellungen. Wohin uns das führt, ist klar erkennbar. Unser Denkvermögen steckt ganz offensichtlich noch in den Kinderschuhen. Viele Menschen wissen zwar, wie die Erde das Paradies für alle sein könnte, doch noch ist das nicht umsetzbar. Um dies zu lernen, müssen wir unsere Erde offensichtlich zuerst in eine Hölle verwandeln. Mit dieser Erkenntnis können wir uns dann entscheiden: Lassen wir uns von unserem Ego denken oder denken wir selbst? Halten wir weiterhin fest an den zweifelhaften „Werten", die uns das Ego vorgaukelt oder entwickeln und stärken wir die natürlichen Werte, die wir alle in unserem Selbst tragen?

Das alles gilt nicht nur für den Zustand unserer Außenwelt, sondern in gleichem Maß für den Zustand unserer Innenwelt. Durch die Gedanken, die sich in unserem Ego entwickeln, übernehmen wir die durch das Ego anderer Menschen entwickelten Werte und begeben uns damit in eine permanente Vergleichssituation. Wir vergleichen das, was ist, mit dem, was sein könnte (sollte!). Durch diese Vergleiche entsteht in uns eine Spannung, die in der Regel permanent ansteigt und immer weniger Ausgleich findet. Wenn wir uns jedoch statt dessen an unseren inneren, eigenen Werten orientieren, verliert das Ego seine Macht. Durch die Beschaffenheit unseres Denkens gestalten wir entweder unser inneres Paradies oder unsere innere Hölle.

Doch welche Art des Denkens trägt nun dazu bei, innere Ruhe zu finden, das Selbst zu befreien, das Gefühl von Leid vermindern und die Welt lieben zu können?

Ruhe im Denken entsteht, wenn die Gedanken durch Konzentration geführt, durch eine Aufgabe gefordert oder einfach losgelassen werden.

Indem unser Denken hin zum „Du" gelenkt wird, statt um das eigene Ich zu kreisen, kann sich unser Selbst frei entfalten.

Die Befreiung von Leid verursachenden Gedanken gelingt, indem wir sie loslassen und unsere Aufmerksamkeit auf ein Ziel im Außen lenken, statt sie festzuhalten und zu be(ob)achten. Durch das Loslassen unserer Gedanken schaffen wir Freiraum für neue Gedanken und damit die Möglichkeit für Entwicklung und Wachstum.

Indem wir Art, Inhalt und Richtung unseres Denkens selbst bestimmen, übernehmen wir Verantwortung für uns selbst. Nur durch unser eigenes Denken entscheiden wir, ob wir uns selbst und die Welt lieben oder nicht.

Durch unser Denken gestalten *wir selbst* unser Leben.

Deine Gefühle leiten dich.
Deine Gefühle beschützen dich.
Deine Gefühle beleben dich.

Deine Gefühle belügen dich nicht.
Deine Gefühle zerbrechen dich nicht.
Deine Gefühle erlösen dich nicht.

Deine Gefühle erwarten dich.

Das Selbst kennt keine Sinneswahrnehmungen, keine Gefühle und keine Gedanken, das Selbst ist reines Sein. Das Selbst ist die Quelle von Bewusstsein und Geist. Alles, was wir wahrnehmen, hat seinen Ursprung in *unserem* Geist, der unserem Selbst entspringt, das wiederum eins ist mit der Quelle allen Seins. Aus unseren Wahrnehmungen entstehen unsere Gedanken und Gefühle. Diese Wahrnehmungen bilden die Grundlage für unsere „objektive" Realität, ein Bild, welches von jedem Lebewesen jedoch völlig subjektiv empfunden wird. Damit ist die von uns wahrgenommene Realität nichts anderes als eine persönlich gefärbte Illusion, die durch unsere persönlichen Erfahrungen und Vergleiche geprägt ist.

Je mehr Erfahrungen wir im Lauf unseres Lebens machen, desto vielschichtiger entwickelt sich unsere Wahrnehmungsfähigkeit und damit das Spektrum unserer Gefühle. Der Umfang dieses Gefühlsspektrums ist unter anderem abhängig von unserer Fähigkeit, unsere Gefühle zu benennen. Beispielsweise kennen die Inuit über 20 verschiedene Begriffe für das Wort „Nähe". Doch ein

Mensch, der einen kleineren Wortschatz hat als ein anderer, muss deshalb nicht weniger Gefühle haben. Der eine Mensch kann sich verliebt *und* glücklich fühlen, ein anderer Mensch, der zwar dasselbe empfindet, aber das Wort „verliebt" nicht kennt, würde dann eben beide Gefühlszustände nur als „glücklich" bezeichnen.

Unsere Gefühle und Gedanken erschaffen sich gegenseitig. Sie bestimmen unseren individuell erlebten Zustand. Auf die Worte „Ich bin" folgt in der Regel ein körperlicher oder seelischer Zustand: „Ich bin hungrig, bin satt, bin alt, bin jung, bin verliebt, bin glücklich, bin traurig, bin einsam, bin zufrieden, bin klug, bin dumm." Ich *fühle*, also *bin* ich. Wir erleben uns in unserem Bewusstsein, aus dem heraus wir uns überwiegend mit unserem Ich und später dann mit unserem Ego identifizieren. Doch in Wirklichkeit sind wir weit mehr als (nur) unser „Ich": *Im Ursprung unserer Existenz sind wir unser Selbst.*

Unsere Gefühle entspringen dem eigenen Geist, also dem eigenen Ich. Doch nicht nur im gesunden Ich, auch im krankhaften Ego entstehen Gefühle. Man könnte zwar denken, dass ein Egoist durch Gefühllosigkeit auffällt. Aber das scheint nur so zu sein. Der Unterschied ist, dass die Gefühle, die im Ego wirken, sich überwiegend um den eigenen Zustand drehen. Viele der im gesunden Ich entstandenen Gefühle existieren dann nur noch im Hintergrund. Und dort müssen sie auch unbedingt bleiben, denn würden sie sich entfalten, wären sie eine große Bedrohung für das Ego. Deshalb haben egoistische Menschen vor nichts größere Angst als vor ihren verdrängten Gefühlen. So wird die Mauer, durch die sich das Ego vom Selbst isoliert, immer dicker und fester gebaut. Doch auch die sicherste Festung trägt bereits den Keim ihres Zerfalls in sich. In persönlichen Krisen wie beispielsweise einer schweren Krankheit oder einem einschneidenden Verlusterlebnis wird man oft feststellen können, dass sich ein zuvor kalter und berechnender Mensch plötzlich zu einem warmherzigen Menschenfreund entwickelt. Das geschieht, weil die Mauer zerbröckelt, wenn sich der Mensch durch das Erleben seiner Krise wieder stärker mit seinem Selbst identifiziert. Allerdings werden die Zusammenhänge meist nicht erkannt. Deshalb wird in der Regel, sobald das Problem überwunden zu sein scheint, die vermeintlich schützende Mauer wieder aufgebaut. Doch damit ist die nächste Krise schon vorprogrammiert und folgt garantiert.

Gefühle verhalten sich in unserem Körper wie Wasser in einem Topf. Bringt man es zum Kochen (auch Egomanen kochen innerlich, meist vor Wut), dehnt es sich aus, wandelt sich zu Dampf, kondensiert wieder zu (destilliertem!) Wasser und fließt irgendwann zurück in den Topf. Das ist ein gesunder Kreislauf, nichts wird zerstört. Befindet sich ein Deckel auf dem Topf, wird der steigende Druck den Deckel vom Topf schleudern – und das Wasser geht mit etwas Verzögerung seinen natürlichen Weg. Fixiert man aber Topf und Deckel, werden Topf und Deckel durch den steigenden Druck explodieren. Das Wasser jedoch findet in jedem Fall seinen natürlichen Weg. Auch hier wirkt das inzwischen wohlbekannte Naturgesetz: Niemals festhalten, sondern grundsätzlich alles *loslassen*. Festhalten führt unabwendbar zu Zerstörung.

Gefühle kommen und gehen, wenn sie nicht festgehalten werden. Werden sie festgehalten, sammeln sich immer mehr Gefühle an. Alle angesammelten Gefühle werden im Unterbewusstsein gespeichert. Auch das funktioniert wie bei einem Computer: Wie schon die Gedanken sind auch Gefühle eine Art Programm. Verschiedene „Programmierer" (die Gene, das soziale Umfeld, die „eigenen" Gedanken) haben diese Software geschrieben. Diese Programme sind auf einer Festplatte (dem Unterbewusstsein) gespeichert. Im Arbeitsspeicher (dem Bewusstsein) können dann ganz nach Bedarf mehrere Programme geöffnet und vom Anwender (dem Ich bzw. dem Ego) genutzt werden. Wenn der Anwender bestimmte Programme (also Gefühle und Gedanken) besser handhaben kann als andere, wird er vorwiegend mit den Programmen arbeiten, die er am besten beherrscht. Diese favorisierten Programme bekommen durch ihre stetige Anwendung laufend Updates und werden dadurch immer leistungsstärker. Dazu kommt, dass Programme ähnlicher Ausrichtung besser miteinander harmonieren. Wenn es sich nun bei den bevorzugten Programmen um Leid auslösende Programme handelt, entwickelt sich eine weitere Negativspirale. Denn auch hier gilt: Übung macht den Meister.

Als Folge davon werden Gefühle, deren Verarbeitung problematisch werden könnte, unbearbeitet im Unterbewusstsein abgelegt. Das führt dazu, dass diverse Außenreize, die mit den aktuell angewendeten „Programmen" nicht bearbeitet werden können, die verdrängten Gefühle (Programme) unbemerkt mit Energie aufladen. So „wachsen" die verdrängten Gefühle unbemerkt und erzeugen in uns einen zunehmenden Druck. Das führt dann irgendwann zu einer Systemüberlastung, die das gesamte System zum Absturz bringt. Dieser Systemkonflikt kann nur aufgelöst werden, indem die verdrängten Gefühle wieder neu installiert werden. Nur dann können wir wieder konstruktiv und konfliktfrei mit *unserem System* umgehen.

Wie das geht? Nehmen wir einmal an, wir hätten das Gefühl „Liebe" verdrängt, weil es uns Schmerzen bereitet hat. Das würde dazu führen, dass wir das Gefühl der Liebe grundsätzlich nicht mehr zulassen. Wenn dann bestimmte Reize auftreten, die dieses verdrängte Gefühl ansprechen, flüchten wir vor diesen Reizen oder blocken sie einfach ab. Neu „installieren" können wir das verdrängte Gefühl, indem wir es einfach wieder zulassen, als wäre es das erste Mal. Dazu braucht es etwas Mut, besonders aber *Vertrauen* in das Leben und das Potential unseres eigenen Systems.

Es geht nicht darum, alle Gefühle, die sich im Lauf der Jahre in uns angesammelt haben, zu analysieren und zu bearbeiten. Das ist bei der Menge der erlebten Gefühle nämlich gar nicht möglich. Es geht darum, sie bewusst *jetzt* und *neu* zu durchleben und sie dann wieder loszulassen, denn nur durch unsere Gefühle finden wir Zugang zu unserem Selbst. Je mehr unserer Gefühle vom Ego ins Unterbewusstsein verdrängt werden, desto weiter entfernen wir uns von unserem Selbst.

Alle Gefühle, die wir in uns erleben, haben ihre Berechtigung. Sie bringen uns in Einklang mit unserer persönlichen Wahrheit, mit unserer persönlichen Welt. Alle unsere Gefühle haben eine Funktion. Sie warnen uns, beschützen uns, bremsen uns, treiben uns an und lenken uns auf den für uns richtigen Weg. Deshalb ist es wichtig, dass wir nicht nur unsere positiven, sondern auch unsere negativen Gefühle wahrnehmen, sie zulassen, unverfälscht akzeptieren, durchleben und dann wieder loslassen. Das Wichtigste dabei ist jedoch, dass wir unsere Gefühle nicht anzweifeln, sondern ihnen restlos vertrauen.

Was wird passieren, wenn du deinem Gefühl vertraust? Deine Gefühle sind ein Produkt deines Geistes, der sich wiederum aus deinem Selbst entwickelt hat. Wenn du also deinem Gefühl vertraust, vertraust du dir selbst. Das nennt man *Selbst*-Vertrauen. Alle deine Gefühle sind richtig so, wie sie sind, denn sie sind ein Teil von dir. Lass´ sie frei, sperr´ sie nicht ein. Sie werden dir nichts Schlimmes antun, im Gegenteil. Du darfst deine Gefühle annehmen, und du kannst das auch. Indem du sie annimmst, nimmst du *dich* an. Verdrängst du sie jedoch, verdrängst du damit Teile von dir. Wenn du sie liebst, liebst du *dich*. Und du bist es wert, dass du dich liebst – wen denn sonst, wenn nicht zuerst dich selbst? Für keines deiner Gefühle musst oder darfst du dich schuldig fühlen. Dann würdest du dich selbst verleugnen und dich nicht lieben, sondern ablehnen. Sich zu lieben ist normal und gesund. Wer sich nicht liebt, zerstört sich selbst.

Doch was können wir tun, wenn wir unter negativen Gefühlen leiden? *Nichts* müssen wir tun! Belastende Gefühle und Gedanken verlassen uns ganz von selbst, wenn wir die Gedanken loslassen, die sie erzeugt haben und sie nicht durch *Festhalten* „künstlich" verlängern. Wenn wir uns also von einem Gefühl befreien möchten, gelingt uns das, indem wir es nicht weiter beachten und die Aufmerksamkeit auf etwas anderes lenken.

Wenn es sich bei einem belastenden Gefühl jedoch nicht nur um ein temporäres, sondern um ein grundsätzliches Problem handelt, wenn es immer wieder auftaucht und es uns einfach nicht gelingt, es endgültig loszulassen, gibt es noch einen anderen Weg, uns von unserer emotionalen Belastung zu befreien. Auf diesem Weg kommen wir gleichzeitig unserem Selbst einen großen Schritt näher. Das geht schnell, ohne Anstrengung und ohne langwierige „Verarbeitung". Wir lösen das belastende Gefühl in 5 Schritten einfach auf:

1. Was ist das für ein Gefühl, was mich belastet? Wie fühlt es sich an? Nehmen wir einfach mal an, es ist ein Gefühl von Traurigkeit.

2. Wo genau in meinem Körper sitzt diese Traurigkeit? Vielleicht im Brustkorb? Oder unterhalb der Kehle, vielleicht auch in der Herzgegend oder im Bauch?

3. Ich lenke meine Aufmerksamkeit genau in die räumliche Mitte des Gefühls.

4. Jetzt durchlebe ich meine Traurigkeit, denke dabei jedoch NICHT an die Umstände, die meine Traurigkeit hervorgerufen haben.

5. Und nun untersuche ich, was in der räumlichen Mitte dieser Traurigkeit wirklich vorhanden ist. Ich finde dort – n i c h t s.

Im Moment dieser Erkenntnis ist das Gefühl aufgelöst. Wenn es wiederkommt, löse ich es aufs Neue auf. Mit der Zeit wird es immer seltener wiederkommen und irgendwann ganz verschwunden sein.

Vertraust du deinem Gefühl,
vertraust du dir selbst.
Vertraust du deinem Selbst,
vertraust du dem Leben.
Vertraust du dem Leben,
vertraust du der Welt.
Vertraust du der Welt,
lebst du in Sicherheit.

Vieles von dem, was Menschen tun, geschieht aus einem Bedürfnis nach Sicherheit. Wir suchen nach Sicherheit in Partnerschaft und Ehe, in zwischenmenschlichen Beziehungen verschiedenster Art, im Beruf, in materiellen und existenziellen Dingen, wir suchen nach Sicherheit in unserem Leben schlechthin.

Doch es gibt keine wirkliche Sicherheit in Bereichen, die außerhalb von uns selbst liegen. Keine Ehe, keine Versicherung und kein Kündigungsschutz bietet endgültige Sicherheit. All das sind nichts als Versprechungen. Die einzige Sicherheit, die es gibt, finden wir nur in uns selbst. Und: Es gibt keine Sicherheit ohne *Vertrauen*.

Vertrauen ist eine angeborene Fähigkeit. Jeder Mensch verfügt über ein natürliches Grundvertrauen. Als Säugling hatte jeder von uns dieses grenzenlose Vertrauen, verbunden mit dem Gefühl absoluter Sicherheit. Natürlich kann ein Kind im Säuglingsalter dieses „Gefühl" noch nicht als solches benennen. Das kann es erst dann, wenn sich seine Denkfähigkeit auf den dafür erforderlichen Stand entwickelt hat, wenn es vergleichbare Erfahrungen gemacht hat und den Unterschied zwischen Sicherheit und Unsicherheit bewusst wahrnehmen kann.

Ein Kleinkind empfindet seine Gedanken, Gefühle und Handlungen grundsätzlich als richtig und erwartet darauf von seinen Bezugspersonen nur positive Reaktionen. Wenn Kinder von ihren Eltern *bedingungslos* geliebt, akzeptiert und respektiert werden, können sie dadurch ein hohes Maß an Vertrauen zu anderen Menschen, zu sich selbst und in das Leben generell aufbauen. Dieses Vertrauen aus sich selbst (ihrem *Selbst*) heraus erzeugt ein Gefühl von umfassender Sicherheit, woraus ein gesundes Selbstvertrauen und innere Stärke entsteht. Kinder, die mit einem freien Selbst-Gefühl aufwachsen, können sich *selbst* (ihr Selbst) entfalten. Wenn Kinder jedoch durch *nicht nachvollziehbare* Kritik und *unerwartete* negative Reaktionen auf ihr argloses Verhalten als Person statt für ihre Handlungen gemaßregelt werden, hat das schwerwiegende Folgen: Die Kinder werden in ihrer *Selbst*-Entfaltung behindert. Sie fühlen sich verunsichert und enttäuscht, wodurch ihr Vertrauen in andere Menschen und in sich selbst erschüttert wird. So entstehen erste *Selbst*-Zweifel und ein Gefühl von Unsicherheit. Wenn Kinder seelisch und/oder körperlich misshandelt werden, lernen sie quasi Schlag auf Schlag, sich als ungeliebte, wertlose und ohnmächtige Opfer zu fühlen. So entwickeln sie sich zu unsicheren, misstrauischen und innerlich schwachen Menschen. Unsicherheit ist immer die Folge von enttäuschtem Vertrauen. Im Lauf der Jahre wird das Vertrauen eines Menschen natürlich immer öfter enttäuscht. Je stärker die daraus entstehende Unsicherheit sein Selbstgefühl prägt, desto tiefgreifender bestimmt Misstrauen sein Leben. Am Ende dieser Entwicklung steht der Verlust von Selbst-*Liebe*, Selbst-*Wert*-Gefühl, Selbst-*Vertrauen*, Selbst-*Sicherheit* und Selbst-*Bewusst*-Sein. Das führt dann unausweichlich zu einer zunehmenden Selbst-*Beschränkung* bis hin zur totalen Selbst-*Blockade*.

Nicht selten sind misstrauische Menschen im Berufsleben ziemlich erfolgreich. Weil sie niemandem vertrauen und fast immer von „bösen" Absichten anderer ausgehen, verhalten sie sich dominant und aggressiv. Um ihr hohes Sicherheitsbedürfnis zu befriedigen, haben sie aus Gründen des Selbstschutzes in der Regel ein starkes Ego entwickelt. Hinter dieser Maske ihres Ego fühlen sie sich dann gut geschützt vor unliebsamen Überraschungen. Darüber hinaus wird ihr im wahrsten Sinn des Wortes „blendendes" Auftreten von ihren Mitmenschen meist auch noch als Stärke, Selbstsicherheit und Selbstbewusstsein (fehl)interpretiert. Doch eine Maske ist immer nur Fassade und verbirgt in diesem Fall genau das Gegenteil. Hinter der (Selbst-)Lüge von „Selbstsicherheit" versteckt sich nichts anderes als innere Schwäche und Angst.

Aber was einmal war, muss zum Glück nicht immer so bleiben. Jeder Mensch ist ständig neuen Einflüssen ausgesetzt, die ihm eine Chance zur (Weiter-)Entwicklung bieten. Deshalb können sich schwache Menschen durchaus zu starken Menschen entwickeln wie auch umgekehrt, genauso können auch misstrauische Menschen wieder lernen, zu vertrauen.

Voraussetzung für den Aufbau von Vertrauen ist Kommunikation. Kommunikation findet statt zwischen Informationsträgern. Wechselseitige Kommunikation kann entstehen *zwischen* Menschen, *zwischen* Mensch und Tier oder *zwischen* Lebewesen generell. Es gibt aber auch eine einseitige „Kommunikation", beispielsweise *von* einer Zeitung, eines Buches oder eines Werbefilms *zu* einem bestimmten Empfänger. Damit Kommunikation zustande kommen kann, gewähren sich die Beteiligten einen individuellen Vertrauensvorschuss. Je nachdem, in welchem Ausmaß bei diversen Kommunikationsprozessen unser Vertrauensvorschuss und unsere daraus entstehenden Erwartungen enttäuscht werden oder nicht, desto deutlicher wird unser Vertrauen auf den beteiligten Ebenen wachsen oder sinken. Dabei werden Art und Umfang des von uns gewährten Vertrauens äußerst fein justiert und unseren Erfahrungen aus ähnlichen Situationen angepasst. Dies können sowohl persönlich gemachte Erfahrungen, aber auch durch andere Informationsquellen erlangte Kenntnisse sein. Entscheidend ist immer, wie viel Vertrauen der jeweiligen Informationsquelle entgegen gebracht wird. Einem Buch kann man manchmal mehr Vertrauen entgegen bringen als manchen Menschen. Das alles gilt jedoch nur innerhalb des individuellen Rahmens, der vom Ausmaß der eigenen Vertrauensfähigkeit gesetzt wird.

Vertrauen ist für uns Menschen lebensnotwendig. Ohne ein Mindestmaß an gegenseitigem Vertrauen können funktionierende zwischenmenschliche Beziehungen nicht entstehen, denn unser menschliches Zusammenleben setzt ein gewisses Vertrauen in unsere Mitmenschen voraus. Wie wäre ein Leben möglich, wenn wir in jedem Menschen, dem wir auf der Strasse begegnen, einen potenziellen Gewalttäter vermuten würden? Dann würde nur noch Mord und Totschlag herrschen. Aber auch ein gesundes Misstrauen hat seine Berechtigung, weil es uns hilft, Gefahrensituationen zu vermeiden und angemessen damit umzugehen. Würden wir jedem und allem *bedingungslos* vertrauen, wären wir sämtlichen Bedrohungen schutzlos ausgeliefert. Grundsätzlich ist es jedoch besser, Vertrauen zu „riskieren", als mit Angst und Misstrauen auf "Nummer Sicher" zu gehen. Beziehungen, die auf Vertrauen aufgebaut sind, verlaufen nämlich für die Beteiligten deutlich besser als Beziehungen, die auf Misstrauen beruhen. Was es dazu braucht, ist nur ein wenig Mut und eine gewisse Risikobereitschaft. Ohne das Risiko, in unseren Erwartungen und Hoffnungen enttäuscht zu werden, werden wir auch nie die Früchte unseres Vertrauens ernten können. No risk, no fun.

Wie uns das gelingt? Wir folgen unseren Instinkten, unserer Intuition, unserer *inneren Stimme*. Dieser Stimme können wir uneingeschränkt vertrauen. Nur, wenn wir das tun, entwickeln wir wirkliches *Selbst*-Vertrauen – und nur dann fühlen wir uns wirklich *selbst*-sicher. Erinnern wir uns: Auch wir sind ein Teil dieser Welt, die vollkommen ist, so, wie sie ist. Deshalb können wir der Welt, dem Leben und damit uns selbst ganz sicher vertrauen.

Dieses umfassende Vertrauen schenkt uns die einzige wirkliche Sicherheit, die es für uns gibt. Nur durch unser Vertrauen in die Unfehlbarkeit der Welt (und als Folge davon in uns selbst) finden wir wahre, grundlegende und absolute Sicherheit. Nur dann spüren wir die universelle Kraft, die uns erkennen lässt, dass es keinen Grund gibt, Angst zu haben, weil nichts passieren kann, was nicht in *Ordnung* wäre – auch wenn uns meist nicht das geschenkt wird, was wir uns wünschen. Statt dessen bekommen wir vom Leben das, was wir *wirklich* brauchen, um uns unserer wahren Bestimmung im Gesamtzusammenhang des Lebens gemäss zu entwickeln – Schmerz, Leid und Verzweiflung inklusive. Die Hintergründe für unsere Stellung im Gesamtzusammenhang des Lebens bleiben uns in der Regel verschlossen. Es werden immer Fragen offen bleiben.

Wer hat ja zu dir gesagt,
als du die Menschen einfach nur geliebt hast?
Wer hat nein zu dir gesagt,
als du absichtslos ein Tier zertreten hast?
Wer hat ja zu dir gesagt,
als du dem vertraut hast, was du heute fürchtest?
Wer hat nein zu dir gesagt,
als du dachtest, dass du nicht in Ordnung bist?
Wer hat ja zu dir gesagt,
als du dein Leben unbeschwert gelebt hast?

Wer sagt dir heute ja und nein,
wer sagt dir, wer du bist, was du wirklich willst
und was die Wahrheit ist?

Unser Kopf ist voller Stimmen. Es sind die Stimmen unserer Eltern, Lehrer, Partner, Freunde, Feinde, Leitbilder, Propheten und Götter. Wir empfangen diese Stimmen durch gehörte und gesehene Worte und Bilder. Wir lassen sie in unser Hirn und halten sie dort fest. Die Stimmen fühlen sich wohl in uns, denn unser Bewusstsein und Unterbewusstsein sind für sie Räume, in denen sie weiterhin existieren können. Sie sagen uns, was gut ist oder schlecht, richtig oder falsch, was wir tun sollen oder nicht – sie sagen uns, wie wir denken, fühlen und handeln sollen. Doch meistens identifizieren wir diese Stimmen nicht als das, was sie sind: Externe Meinungsmacher. Aus diesen Stimmen entwickeln wir das, was wir als unsere „eigene Meinung" bezeichnen. Unsere sogenannte eigene Meinung ist überwiegend ein Konglomerat der Meinungen anderer, die sich wiederum ebenfalls aus anderen Meinungen gebildet haben. Unbewusst treffen wir eine Auswahl, welche dieser fremden Stimmen wir zur Bildung unserer eigenen Meinung zulassen und welche nicht. Diese Auswahl wird bestimmt durch unsere bis dahin gemachten Erfahrungen und den daraus entstandenen Bedürfnissen. Unsere „eigene Meinung" ist die Stimme in uns, die wir am deutlichsten „hören". Je lauter diese Stimme in uns präsent ist, desto stärker wird dadurch die Wahrnehmung unserer *ursprünglichen* inneren Stimme behindert.

Was genau ist hier mit dieser ursprünglichen inneren Stimme gemeint? Ist es eine Stimme, die wir akustisch wahrnehmen können? Ist es Instinkt, ist es Intuition, ist es Inspiration? Ist es vielleicht das, was wir Ahnung oder Eingebung nennen?

Inspiration hat mit der inneren Stimme nichts zu tun. Sie ist „Input", der von außen kommt und löst Impulse aus, die zu irgendeiner Form von „Output" führen, also diverse Handlungen verursachen. So lässt sich ein Maler vielleicht durch optische Eindrücke inspirieren, ein Dichter durch Gefühle oder ein Denker durch ein Gespräch.

Instinkt steht in Zusammenhang mit den emotionalen Bereichen eines Lebewesens. Instinkte sind triebgesteuert. Instinkte veranlassen zu bestimmten Verhaltensmustern und Handlungen, die kein Produkt des Denkens sind, sondern ihre Wurzeln in unseren genetischen Anlagen (Erb-INFORMATIONEN) haben. Durch die Verarbeitung weiterer im Lauf des Lebens erworbener Informationen werden Instinkte durch Übung weiterentwickelt, vertieft und neu ausgebildet. Schon ein neugeborenes Lebewesen zeigt instinktives Verhalten. Der Jagdinstinkt eines jungen Sandhais ist von Geburt an vollständig ausgebildet. Entenküken folgen ihrer Mutter und nicht einer beliebigen anderen Ente. Auch das ist Instinkt. Instinktiv meidet ein Wildtier im Regenwald Nahrung, die giftig ist. Instinktiv flieht ein Tier vor seinen Fressfeinden. Instinktiv fährt ein Rennfahrer in seinem Fahrzeug schnellste Runden. Da gibt es keinen Intellekt und keine Intuition, die ihm sagen, wann er Gas geben oder bremsen soll. Instinktiv verlieben sich Menschen ineinander. Auch das geschieht jenseits von Intellekt und Intuition. Instinkt drückt sich aus als eine Art Verhaltensautomatismus. Instinkt kann durch den Intellekt „überlistet" werden. Vom Menschen konstruierte Fallen überlisten den Vorsicht-Gefahr-Instinkt der darin gefangenen Tiere und mentale Fallen überlisten den Instinkt der „gejagten" Menschen. Das funktioniert, indem durch Täuschung genau jene Instinkte angesprochen werden, welche beim Opfer die vom Fallensteller erwünschten Handlungen auslösen. Menschen mit einem schwach entwickelten Intellekt verfügen oft über ausgeprägtere Instinkte als Menschen mit einem hoch entwickelten Intellekt. Instinkt hat seinen Ursprung in der Vergangenheit und ist gerichtet auf den aktuellen, den unmittelbar nächsten Moment. Instinkt zeigt sich als unbewusstes Handeln. Instinkt ist der *unbewusste* Ausdruck der inneren Stimme.

Intuition ist das, was wir auch „Bauchgefühl" nennen, es ist eine Art „instinktives Denken". Das Vorhandensein von Intuition ist abhängig vom Ausmaß der Denkfähigkeit. Je höher entwickelt unser Denkvermögen ist und je besser wir in Kontakt mit unserem Selbst sind, desto ausgeprägter entsteht Intuition. Intuition wird durch das Selbst empfangen, durch Denkprozesse entschlüsselt und dann als Vorahnung wahrgenommen. Jeder von uns kennt Sätze wie „Intuitiv habe ich die Lösung eines Problems gefunden" oder „Intuitiv habe ich geahnt, dass irgendwas nicht stimmt". Intuition entwickelt sich aus Denkprozessen der unmittelbaren Vergangenheit bzw. Gegenwart. Sie bezieht sich auf die unmittelbare oder entferntere Zukunft und gestattet die Wahrnehmung einer rein intellektuell nicht wahrnehmbaren Gesamtsituation. Intuition ist der *bewusste* Ausdruck der „inneren Stimme". Die *innere Stimme*, von der hier die Rede ist, ist die Quelle, aus der Instinkt und Intuition entspringen. Sie ist zeitlos und bezieht sich auf das „Immer" und damit gleichzeitig auf das „Jetzt". Sie ist das wahrhaftige und absolute Wissen, das wir in uns spüren, wenn wir unser Denken und Fühlen für einen Moment beiseite legen. Sie ist das Wissen unseres Selbst. Diese Stimme belügt uns nie. Sie äußert sich als *Gewissheit* – als *Ge-Wissen*. Als Kind habe ich einmal am Strand eine große Krabbe entdeckt. Ich spielte mit ihr, und die Krabbe zog sich aus Angst in ihren Panzer zurück. Ich nahm einen Stein und klopfte auf den Panzer, um sie wieder herauszulocken. Doch der Panzer zerbrach unter meinen Schlägen. In diesem Moment spürte ich große Traurigkeit und wusste mit absoluter Ge-Wiss(en)-heit, etwas Falsches getan zu haben. Dieses Wissen war kein Instinkt, es kam nicht aus dem Intellekt und es war keine Intuition. Dieses Ge-Wissen war das, was hier *innere Stimme* genannt wird. Die innere Stimme ist unsere innere Führung, der wir uneingeschränkt vertrauen können. Sie weist uns den *natürlichen* Weg unseres Selbst, den Weg unserer eigenen Natur. Die innere Stimme ist die Stimme unserer *Seele*.

Informationen, die wir durch unsere *innere Stimme* erhalten, kommen direkt aus der Quelle unserer Existenz. Sie hilft uns als Ratgeber, wenn wir eine Situation einschätzen müssen. Sie leitet uns als Führer, wenn wir Orientierung für unser Handeln brauchen. Sie spricht zu uns als Gewissen, wenn wir unser Verhalten einordnen. Wir nehmen sie wahr als eine *Eingebung*, die uns ein Gefühl von *Gewissheit* vermittelt. Manchmal sagen wir nach einer Erfahrung „Ich habe es gewusst!". Dies ist ein untrügliches Zeichen dafür, dass die Eingebung, die wir vor der entsprechenden Erfahrung hatten, eine direkte Botschaft unserer inneren Stimme war. Bei vielen Menschen, die in unserer technologisch hochentwickelten Zivilisation leben, verliert diese innere Stimme zunehmend an Bedeutung. Sie wird übertönt vom Lärm, den die Stimmen unserer externen Meinungsmacher veranstalten. Diese Stimmen sprechen zum Ego. Sie lassen das Ego wachsen und das Ego lässt sie wachsen. Je stärker das Ego entwickelt ist, desto größer sind auch Ausmaß und Einfluss dieser externen Meinungsgeber. Das Wachstum des Ego geht unabwendbar zu Lasten der Gesundheit der Seele, denn es hindert die Menschen am Kontakt mit ihren Wurzeln, mit ihrem Selbst – und je weniger ein Mensch mit seinem Selbst in Kontakt ist, desto schwerer findet er Zugang zu seiner inneren Stimme. Doch zum Glück ist die innere Stimme in keinem Menschen tot, denn unser Selbst ist unsterblich. Und wenn wir es wollen, können wir den Zugang zu unserer inneren Stimme jederzeit wieder aktivieren. Eine gewissenhafte Betrachtung der Umstände, die den ehemals vorhandenen Kontakt gestört haben, lässt uns erkennen, wie wir die Verbindung wieder herstellen können:

Wir befreien uns von den Stimmen unserer externen Meinungsmacher, indem wir sie als solche identifizieren, sie dann aber nicht festhalten, sondern einfach loslassen.

Wir achten auf unsere Instinkte und unsere Intuition. So trainieren wir unseren Selbstkontakt und verbessern damit den Zugang zu unserer inneren Führung.

Durch den stetigen Abbau unseres Ego vertiefen wir den Kontakt zu unserem Selbst. Je intensiver wir in Kontakt mit unserem Selbst kommen, desto besser entwickelt sich auch der Kontakt zu unserer inneren Stimme.

Wir vertrauen und folgen unserer inneren Führung konsequent und lassen uns durch eventuelle anfängliche „Fehlschläge" nicht verunsichern.

Bei all dem ist es förderlich, die Gedanken fließen zu lassen und beständig für geistige Entspannung zu sorgen.

Anspannung entsteht
durch die Unterschiede der Welt
Spannung ist Kraft
die das Dunkle erhellt
Entspannung ist Druck
der zusammenfällt

In Spannung und Entspannung
atmet die Welt.

Alles, was ist, bewegt sich in einem fortwährenden Wechsel von Spannung und Entspannung. Das begann mit dem Urknall (sofern dieser wirklich der Anfang von allem war) und setzt sich seitdem fort bis in unseren Herzschlag. Spannung und Entspannung besteht in allen Bewegungen unseres Planeten, beispielsweise wenn sich der Druck des Erdinneren in einem Vulkanausbruch ausgleicht, wenn sich die Spannung der Erdkruste in einem Erdbeben entspannt oder wenn sich bei einem Gewitter die Spannung in einem Blitz entlädt. Bei Entstehung von Strom wird das wirkende Prinzip besonders deutlich: Zwischen zwei Polen, die eine unterschiedliche elektrische Ladung aufweisen, entsteht elektrische Spannung, denn die Spannungsdifferenz der beiden Pole ist bestrebt, sich auszugleichen. Durch diese Spannung entsteht Druck und damit die Kraft, die wir als Strom bezeichnen.

Ähnlich funktioniert das auch bei Pflanzen, Tieren und bei uns Menschen. Wir können mit einem EEG unsere Gehirnströme messen und verfügen über einen elektrisch messbaren Hautwiderstand. Anspannung, Spannung und

Entspannung sind natürliche Zustände jeglicher Existenz. Stellen wir uns eine Kastanie vor. Die Frucht der Kastanie liegt auf feuchter Erde. Durch die aufgeweichte Schale zieht der Keim Feuchtigkeit aus seiner Umgebung und beginnt, zu wachsen. Durch diesen Prozess entwickelt sich in den beiden „Polen" Schale und Keim eine ungleich starke „Ladung". Dies ist die erste Phase der *Anspannung*. Durch den sich ausdehnenden Keim entstehen eine steigende *Spannung* und ein zunehmender Druck auf die Schale. Der Ausgleich, die *Entspannung* findet statt, wenn die Schale durch die Kraft des Keims gesprengt wird. Dieser Ablauf setzt sich fort in allen Wachstumsphasen, bis hin zur Entstehung der Blüten und dem Wachstum neuer Früchte. Die beiden „Pole" des Baumes finden wir sowohl in seinen Wurzeln und in seiner Spitze wie auch in seinem Kern und in seiner Rinde. Trifft beispielsweise ein starker Sturm auf unsere Kastanie, verändert das wiederum die „Ladung" der verschiedenen „Pole". Je stärker die Kraft des Windes ist, desto stärker biegt sich der Baum, und je stärker er sich biegt, desto stärkere Spannung entsteht. Der Ausgleich, die Entspannung dieser Spannung findet statt, wenn die Kraft, die einen der beiden Pole „aufgeladen" hat (in diesem Fall der Wind), nachlässt und der Baum sich wieder aufrichten kann. Wird der Wind jedoch zu stark, entwickelt sich aus dem verhinderten Wechselspiel zwischen Spannung und Entspannung eine gefährliche *Überspannung*. Diese Überspannung entlädt sich dann schlagartig und mit einer zerstörerischen Wirkung: Die Kastanie wird entweder entwurzelt oder sie bricht an genau der Stelle, an welcher der größte Druck, die stärkste Spannung gewirkt hat.

Hier noch ein zweites Beispiel für einen gesunden und natürlichen Spannungsbogen: Eine Gepardin liegt im Gras und döst. Sie hatte gut gefressen und ist satt. Sie ist *entspannt*, sowohl körperlich als auch mental. Dann wird sie unruhig, denn ihre Jungen brauchen Nahrung. Es entsteht *mentale Anspannung*. Sie trabt in Richtung einer

unweit grasenden Herde Gazellen. Sie beginnt, sich anzu-
schleichen, wobei sowohl ihre *mentale* als auch ihre
körperliche Anspannung steigt. Ihr gesamter Organismus
befindet sich jetzt in starker *Spannung*. Dann beschleunigt
sie und hetzt ihre Beute im Zustand höchster körperlicher
und mentaler Anspannung, bis sich im Moment des
Jagderfolges die gesamte Anspannung entlädt. In ihrem
Bewegungsablauf finden dieselben Prozesse statt. Höchste
Muskelanspannung wird dann erreicht, wenn sie sich vom
Boden abstößt, am Scheitelpunkt der Bewegung sind die
Muskeln vollständig entspannt, dann folgt der nächste
Spannungsaufbau für die nächste Bewegung.

Bei uns Menschen vollzieht sich das Wechselspiel
zwischen Anspannung, Spannung und Entspannung im
körperlichen, geistigen und seelischen Bereich. Diese drei
Bereiche sind miteinander vernetzt und beeinflussen sich
gegenseitig. Bei Menschen, die innerlich unzufrieden sind
und an sich selbst leiden, ist in der Regel der geistige
Bereich die ausschlaggebende Instanz. Dieser Bereich ist
es auch, den wir am besten selbst gestalten können. Sehen
wir also etwas genauer auf das, was in uns passiert:

Besteht ein gesunder Wechsel zwischen Anspannung,
Spannung und Entspannung, gibt es keinerlei Probleme.
Probleme entstehen erst dann, wenn sich die aufgebaute
Spannung nicht mehr entspannen kann. Ausgangspunkt ist
dabei in erster Linie die *geistige Anspannung* durch unser
Denken. Daraus entsteht eine geistige *Spannung*. Wenn
diese Spannung nicht auf natürlichem Weg abgebaut wird,
verfestigt sie sich als geistige *Verspannung*, die sich in der
Folge zu einer ständig steigenden geistigen *Überspannung*
entwickelt. Dabei berühren alle Phasen dieser Entwicklung
in unterschiedlichem Ausmaß *immer* auch die körperliche
und die seelische Ebene. Durch die Verspannungszustände,
die sich auf den einzelnen Ebenen gebildet haben,
entstehen schließlich verschiedene seelische, geistige und

körperliche Krankheiten. Wenn die Ursachen (fehlender Entspannung) nicht gefunden und korrigiert werden, findet die zunehmende Überspannung des gesamten Organismus früher oder später unvermeidlich in Form einer zerstörerischen und unkontrollierbaren Entladung, die sich als körperlicher, seelischer und/oder geistiger Zusammenbruch auswirkt, ihre *Entspannung*.

Körperliche Verspannungen zeigen sich als Muskelverspannungen. In unserer Leistungsgesellschaft erleben das die meisten Menschen tagtäglich am eigenen Leib. Um diese körperlichen Verspannungen abzubauen, stellt uns heute eine regelrechte Entspannungs*industrie* eine Vielzahl teils mehr, teils weniger effektiver Entspannungsmethoden zur Verfügung. Da die Ursachen körperlicher Verspannung jedoch fast immer einen geistigen Ursprung haben, kehren die Probleme immer wieder zurück.

Seelische Verspannungen äußern sich emotional und zeigen sich heutzutage überwiegend, sehr häufig und stark zunehmend in Form von Depressionen. Depressionen sind fast immer ein Indiz dafür, dass die Seele durch ein Gefühl von Ohnmacht unter Druck geraten ist. Die seelischen Verspannungen entstehen meist dann, wenn emotionale Bedürfnisse nicht befriedigt werden können und besonders, wenn sich das Selbst nicht entfalten kann. Dabei verhält es sich ähnlich wie mit der Entfaltung des Kastanienkeims. Das Selbst ist eine Kraft, die bestrebt ist, sich auszudehnen und zu entfalten. Wird das Selbst nun durch einen Widerstand an seiner Entfaltung gehindert und durch die Dominanz des Ego in eine bestimmte Form gezwungen, entsteht zunehmender Druck und eine daraus resultierende Spannung. Da die Seele ihrer Natur nach jedoch gar nicht verspannt sein kann, wirken die seelischen Verspannungen sozusagen eine Instanz höher. Der „Ort" dieser Spannung befindet sich an der Schnittstelle zwischen Selbst und Ego, gewissermaßen an der Kastanienschale des Selbst. Diese

„Schale" ist das gesunde Ich. Wenn das Selbst keine Möglichkeit zur Entfaltung findet, entwickelt sich diese innere Spannung zum Dauerzustand, der sich immer weiter verschärft und das Ich überbeansprucht und beschädigt. Diese auf Dauer unerträglichen Überspannungszustände werden dann kompensiert, indem der Mensch sein Selbst auf welchem Weg auch immer lahm legt – meist mittels der schon beschriebenen Maßnahmen, die das Selbst betäuben, jedoch das Ego stärken. Somit haben auch die seelischen Verspannungen ihren Ursprung im geistigen Bereich – besser gesagt im *Denken*.

Geistige Verspannungen äußern sich in krampfhaftem Denken. Das ist dann der Fall, wenn die Gedanken nicht fließen, sondern das Denken in starren Mustern stattfindet und sich permanent im Kreis bewegt. Oft hat dieses Denken einen starken Bezug zur eigenen Person und dreht sich überwiegend um den eigenen Zustand. Das Wort, das dann am häufigsten gedacht wird, lautet: „*Ich*". Die auf diese Weise entstehenden geistigen Verspannungen übertragen sich früher oder später auch auf den körperlichen und auf den seelischen Bereich und richten dort ebenfalls mehr oder weniger große Schäden an. Für einen harmonischen Gesamtzustand ist es daher unerlässlich, die gesunden und normalen geistigen Spannungen auf natürlichem Weg und rechtzeitig wieder abzubauen.

Die natürliche Spannung im Geist entsteht durch das Denken. Auslöser für unser Denken ist unser Wunsch nach Befriedigung der verschiedensten körperlichen, geistigen und seelischen Bedürfnisse. Dabei erzeugt jeder einzelne Denkvorgang eine natürliche geistige Spannung, die sich nach Abschluss des entsprechenden Denkprozesses ganz von selbst wieder entspannt. Die ungesunde Entwicklung zur Verspannung findet dann statt, wenn die Denkprozesse kein natürliches Ende finden, sie sich ver-*selbst-ständig*en und wir dadurch die Kontrolle über unser eigenes Denken verlieren. Das Verhängnis liegt darin, dass wir uns im Lauf der Zeit daran gewöhnen. Wir denken dann nicht mehr (aus unserem) *selbst*, sondern werden statt dessen von Gedanken, die unserem Ego entspringen, beherrscht. Dies kann sich zu einer hochgradigen Sucht entwickeln, die in ihrer Konsequenz zur *Selbst*-Zerstörung führt. Doch auch hier gibt es zum Glück Wege, diese Spur zu verlassen. Wir können und müssen unser Denken deshalb nicht einstellen, aber wir können anders damit umgehen.

Was wir uns jahrelang antrainiert haben, werden wir natürlich nicht in ein paar Sekunden ablegen können. Es geht schließlich darum, eine Gewohnheit, wenn nicht sogar eine Sucht aufzugeben. Wir werden uns also ein anderes, ein neues Verhalten *angewöhnen*. Betrachten wir deshalb noch einmal die Ausgangsbasis: Geistiges Greifen erzeugt Anspannung. Geistiges Festhalten ist Spannung. Geistiges Loslassen führt zu Entspannung.

Der ausschlaggebende Faktor auf unserem Weg zur Entspannung ist das Aufgeben von *Widerstand*. Festhalten wirkt wie ein Widerstand im natürlichen Energiefluss, und gleichzeitig ist Widerstand immer identisch mit Festhalten. Auch das Ego fungiert als Widerstand, wenn es das Selbst in seiner freien Entfaltung blockiert. Durch Widerstand in jeder erdenklichen Form wird Entspannung verhindert.

Also geben wir unseren geistigen Widerstand gegen die Bewegungen des Lebens auf und schaffen damit die Voraussetzung für das Loslassen unserer Gedanken.

Wir lassen unsere Gedanken los, indem wir sie weiterziehen lassen und uns gedanklich neu orientieren. Wenn sie wiederkommen, lassen wir sie erneut los.

Wir erlauben es unserem Selbst, sich ungehindert zu entfalten, indem wir es aus den Fesseln des Ego befreien.

Dabei kann Meditation sehr hilfreich sein, wobei die Technik nur eine untergeordnete Rolle spielt. Es kommt in erster Linie darauf an, die Gedanken bewusst loszulassen. Wenn wir diesen neuen Umgang mit unserem Denken fortgesetzt üben, werden wir schon nach 4 bis 6 Wochen feststellen, dass wir uns daran gewöhnen und dass sich aus der bis dahin bewussten Handlung des Loslassens eine unbewusste und dauerhaft gelebte innere Haltung geistiger Entspannung entwickelt.

Die wichtigste Voraussetzung für einen entspannten Zustand ist es jedoch, bewusst im Hier und Jetzt zu leben und der Unfehlbarkeit der Schöpfung zu vertrauen.

Leben ist Zerstörung
Zerstörst du dich selbst, zerstörst du Leben
Zerstörst du Leben, zerstörst du die Welt
Zerstörst du die Welt, zerstört dich die Welt
Lebst du Zerstörung, lebst du mit Leid

Leben ist Liebe
Liebst du dich selbst, liebst du Leben
Liebst du Leben, liebst du die Welt
Liebst du die Welt, liebt dich die Welt
Lebst du Liebe, lebst du in Harmonie

Es lassen sich viele Gründe finden, unsere Welt nicht zu lieben. Wir ärgern wir uns über den Zustand dieser Erde, über unser Leben, über Ungerechtigkeit, über Mitmenschen und über vieles mehr. Manchmal, wenn zum Beispiel unsere Politiker oder Wirtschaftsführer wieder einmal besonders unerträgliches Unrecht produzieren, entwickeln sich in uns sogar regelrechte Hassgefühle. Schon die reine Aufzählung all dessen, was negative Gefühle in uns erzeugen kann, würde Bücher füllen ...

So sitze ich also vor dem Fernseher, sehe ein wenig die neuesten Horrormeldungen in den Nachrichten und entsetze mich über Sozialvernichtung, Planetenzerstörung, Kriegstreiberei und Bombenterror. Und prompt entstehen in mir die üblichen starken negativen Emotionen.

Der Präsident der USA, der gerade mal wieder ein paar Hunderttausend Kriegstote angeordnet hat, ist sehr betroffen von meinen Gefühlen. Auf der Stelle beendet er alle aggressiven Handlungen, schafft die Rüstungsindustrie ab, beschenkt statt dessen alle Armen mit den eingesparten Milliarden und schafft umfassende soziale Gerechtigkeit und Wohlstand für alle. Mit den Erfolgreichen dieser Welt funktioniert das natürlich genauso wie beim Präsidenten. Auch sie nehmen sich meine Missgunst und meinen Neid zu Herzen und lassen mich großzügig an ihrem Wohlstand teilhaben. Und während ich immer mehr Traurigkeit, Wut und Hass in mir aufbaue, lösen sich meine Verspannungen, mein Organismus fühlt sich zunehmend befreit und entlastet, es geht mir nicht nur immer besser, ich fühle mich einfach phantastisch.   ?

Eine nette Vorstellung. Doch jeder weiß, dass das so nicht funktioniert. Der Präsident führt weiterhin seine Kriege, die Reichen werden immer reicher und mir selbst geht es mit meinen negativen Gedanken und Gefühlen alles andere als gut. Im Gegenteil. Sie entfalten ihre Energie, ihre ganze Wirkung in erster Linie in mir selbst. Gedanken und Gefühle sind Kräfte, die nicht ohne Wirkung bleiben *können*. Hasse ich andere Menschen oder Zustände, wirkt dieser Hass vorwiegend in mir selbst. Genauso verhält sich das auch mit positiven Emotionen. Das Gefühl von Freude und Erfüllung, das ich beim Hören meiner Lieblingsmusik empfinde, berührt nicht etwa meinen CD-Player, sondern ausschließlich mich selbst.

Bei der Interaktion zwischen Lebewesen kommt noch ein weiterer Aspekt hinzu: Die stärkste Kraft ist die *innere Haltung*, die wir als „Ausstrahlung" wahrnehmen können. Menschen mit einer positiven Ausstrahlung haben immer eine positive innere Haltung zum Leben und zu sich selbst. Diese innere Haltung ist das Resultat unserer Gefühle und Gedanken. Sie ist eine als „Form" verfestigte Energie, die ähnlich wie eine physikalische Masse eine der Gravitation entsprechende Anziehungskraft entwickelt. Das bedeutet, dass ein Mensch, der zu anderen Menschen, dem Leben und sich selbst eine positive Haltung hat, unweigerlich die entsprechenden positiven Energien anzieht. Im umgekehrten Fall wirkt dieses „Naturgesetz" natürlich genauso.

Ganz entscheidend ist dabei immer das *grundlegende* Gefühl. Dazu ein Beispiel: Nehmen wir an, ein Mann liebt eine Frau, die ihn nicht so liebt, wie er sich das wünscht. Je stärker sich sein Gefühl der Liebe entwickelt, je mehr er sich *wünscht*, von dieser Frau geliebt zu werden, desto mehr zieht sie sich von ihm zurück. Auf den ersten Blick könnte man jetzt denken, das Gesetz der Anziehungskraft funktioniert nicht. Doch dem ist nicht so. Die Ursache der Ablehnung liegt darin, dass das *grundlegende* Gefühl des „liebenden" Mannes meist alles andere ist als reine Liebe. Einem *Wunsch*, der die Befriedigung eigener Bedürfnisse zum Ziel hat, liegt fast immer das Gefühl eines *Mangels* zugrunde. In diesem konkreten Fall reicht es dem Mann nicht, der Frau seine Liebe zu schenken, in Wirklichkeit ist seine „Liebe" nicht anderes als eine Spiegelung seines Bedürfnisses, sich selbst entsprechend geliebt zu fühlen. Dieses Bedürfnis entsteht aus dem Gefühl, nicht genug geliebt zu werden, was wiederum die Folge des in diesem Fall *grundlegenden* Gefühls ist, selbst nicht liebens-*wert* zu sein. Dieses Gefühl der *Selbstablehnung* ist die wirkende Kraft, die dann die entsprechende Ablehnung anzieht.

Dieses Prinzip wirkt in allen Bereichen. Wer in sich ein *grundlegendes* Gefühl von Mangel empfindet, wird nichts anderes als Mangel anziehen. Wer jedoch das *echte* Gefühl empfindet, „alles" zu haben, dem wird auch „alles" zu-fallen. Nur ein Mensch, der *wahre* Liebe in sich trägt, wird *wahrhaftig* zurückgeliebt. Wahrhaftige Liebe drückt sich aus in dem Bedürfnis, zu geben, zu *schenken*. Wenn wir das Leben lieben, bedeutet das, dass wir dem Leben Freude schenken. Wenn wir dem Leben Freude schenken, wird das Leben uns ebenfalls Freude schenken. Dieser Kreislauf findet sowohl in positiver als auch in negativer

Hinsicht statt, und das in allen Bereichen des Lebens. Auf Grund unserer schöpferischen Fähigkeiten haben wir in einem weitaus höheren Ausmaß als andere Lebewesen die Möglichkeit, die Chance und die Aufgabe, aktiv an der Gestaltung unserer Welt mitzuwirken. Anders als Pflanzen und Tiere haben wir in einem gewissen Rahmen die Wahl, ob wir das im positiven oder im negativen Sinn tun wollen. Das Ausmaß unserer gelebten Liebe bestimmt das Ausmaß unserer erlebten Freude. Das Ausmaß unserer gelebten Zerstörung bestimmt das Ausmaß unseres erlebten Leids. Daran lässt sich unschwer erkennen, wie bedeutungsvoll und wichtig es für uns Menschen ist, umfassend und grundsätzlich *wahrhaftige* und *selbstlose* Liebe zu leben.

Unsere Wahrnehmung der verschiedenen als negativ empfundenen Aspekte unserer Welt entsteht aus unserer *Trennung* von der alles umfassenden Einheit des Lebens. Die menschliche Sicht des Lebens im allgemeinen ist von menschlicher „Betriebsblindheit" geprägt. Alles, was wir wahrnehmen, durchläuft das Raster unserer *subjektiven Wertung*. So entscheidet jeder Mensch für sich persönlich, was an der Welt angeblich *objektiv* in Ordnung ist und was nicht. Dies jedoch ist von der „Wahrheit" weit entfernt. Um das nachzuvollziehen, genügt schon ein Blick auf die Wertvorstellungen der unterschiedlichen Kulturkreise und Religionsgruppen. Der Selbstmordattentäter im Irak wird von den einen bejubelt, von den anderen verabscheut, ein Rüstungskonzern wird von seinen Aktionären bejubelt und von den Opfern seiner Produkte verabscheut. Das alles ist abhängig von der persönlichen Position und der damit verbundenen Wertung. Durch diese Wertungen, die das Ergebnis unserer Wertvorstellungen sind, trennen wir uns von allem, was unsere Wertvorstellung nicht teilt. Als Menschen trennen wir uns von Pflanzen und Tieren, als Christen trennen wir uns von den Moslems, in jedem Fall aber trennen wir uns durch unsere Wertungen von der Quelle unserer Existenz. Je umfassender diese Trennung besteht, desto schwerer fällt es uns, die Welt zu lieben. Trennung und Wertung sind immer Ausdruck des Ego. Gemeinsamkeit ist das Wesen des Selbst. Wir werden unsere Welt in genau dem Ausmaß *wahrhaftig* lieben können, in welchem wir unser Getrenntsein und unsere daraus entstandenen Wertungen erkennen und abbauen.

Wie aber gelingt es uns, die Welt zu lieben trotz aller Aspekte, die uns *nicht* liebenswert erscheinen?

Viele Menschen in der westlichen Welt haben dafür eine Strategie entwickelt, die sehr im Trend liegt: Sie sind ganz einfach immer „gut drauf". Oberflächlich betrachtet funktioniert das sogar. Doch leider funktioniert es nicht wirklich, denn die „negativen" Lebensbereiche werden dabei nicht wahrgenommen und akzeptiert, sondern lediglich verdrängt. Dies hat jedoch gravierende Folgen, denn die verdrängten Wahrnehmungen und die daraus entstandenen Gedanken und Gefühle wirken sich *unvermeidlich* in einer der vielen Formen von Selbstzerstörung aus, die sich oft schon zeitgleich mit dem „gut drauf sein" entwickelt. Besonders häufig entstehen in diesen Fällen Suchtkrankheiten. Schon das „gut drauf sein" an sich wird dann zur Sucht, wobei im Verlauf der Gewöhnung an diesen „Stoff" die benötigte Dosis durch Drogensucht, Erlebnissucht, Kaufsucht etc. verstärkt wird.

Die Welt auf natürliche und gesunde Weise in all ihren Ausdrucksformen zu lieben gelingt uns, indem wir unsere Aufmerksamkeit weg von den Unterschieden und hin zu den Gemeinsamkeiten lenken.

Stellen wir uns einfach einmal vor, wir wären Energie ohne Körper, die den Weltraum durchsetzt und das Treiben auf der Erde aus dem Orbit heraus betrachtet. So würden wir die Möglichkeiten erkennen, die sich uns bieten, wenn wir uns als Mensch verkörpern: Wir könnten dann aktiv an der Schöpfung des Ganzen mitwirken, wir könnten fühlen, denken, gestalten, wir könnten eine Fülle von Erfahrungen machen, teilnehmen an diesem unglaublich interessanten, spannenden und vielfältigen Spiel des Lebens. Damit würden wir unsere körperlose Existenz für kurze Zeit um eine zusätzliche und faszinierende Dimension erweitern. Vor diesem Hintergrund wären dann selbst die „negativen" Aspekte interessant und lebenswert, denn auch sie wären ein Teil der außergewöhnlichen Erfahrungen, die wir nur als materialisierte Lebewesen machen könnten und die obendrein nicht ewig dauern würden, sondern nur eine sehr kurze Zeit im Verhältnis zur Ewigkeit. Viele Lebewesen erleben Leid, ohne sich deshalb gleich umzubringen. Ist dies nicht ein Indiz für die Qualität *aller* Aspekte unserer (Selbst)Erfahrung und (Selbst)Verwirklichung? Könnte das alles nicht Grund genug sein, diese Welt so zu lieben, wie sie ist, selbst wenn uns an ihr vieles nicht gefällt?

Wenn es uns gelingt, die Welt so zu lieben, wie sie ist, und wir uns selbst als ein Teil davon empfinden, werden wir uns auch selbst so lieben können, wie wir sind. Das gilt auch im umgekehrten Sinn: Wenn es uns gelingt, uns selbst so zu lieben, wie wir sind, werden wir uns selbst als Teil der Welt empfinden und diese dann ebenfalls so lieben können, wie sie ist.

TEIL 3

Zur Selbst-Entfaltung

Im Lauf unseres Lebens haben wir eine Vielzahl von Denk- und Verhaltensmustern gebildet und verfestigt. Wenn wir darunter leiden, ist es sinnvoll, sie zu ändern. Jeder Mensch besitzt die Fähigkeit, sein Selbstgefühl selbst zu gestalten. *Jeder ist seines Glückes Schmied.* Dieses Glück liegt in uns selbst. *Es ist unser Selbst.* Damit wir dieses Glück „schmieden" können, braucht unser Selbst Raum zur Entfaltung. Diesen Raum schaffen wir, wenn wir unser Ego, welches unser Selbst umklammert und in seiner freien Entfaltung blockiert, Schritt für Schritt abbauen. Das gelingt, indem wir unser Denken, Fühlen und Verhalten *hin zum Du* lenken, statt uns ständig mit dem eigenen Ich zu befassen.

Wir Menschen haben die Gabe, die Beschaffenheit unseres Denkens selbst zu bestimmen. Jeder von uns kann in den nächsten Sekunden destruktive Gedanken denken. Es braucht dafür nur ein wenig Vorstellungskraft. Vermutlich reicht schon die Erinnerung an die letzten Nachrichten, um „negative" Gedanken zu erzeugen. Ebenso können wir aber auch die nächsten Minuten liebevolle und aufbauende Gedanken denken. Stell´ dir einfach nur ein Baby vor, und in dir werden sich positive Gedanken entfalten. Du kannst das sofort testen, ich garantiere dir, es wird funktionieren. Doch leider lassen wir uns nur zu oft von negativ geprägten Denkmustern leiten, die durch Erfahrungen ausgelöst und durch Gewohnheit zu unserer „zweiten Natur" geworden sind. Wir haben vergessen, dass wir selbst Gestalter unseres Denkens und folglich unseres (subjektiven Er-)Lebens sind.

Damit wir nun endlich zu innerer Harmonie, Ruhe, Zufriedenheit und Selbstentfaltung finden, werden wir einfach unser liebevolles Denken der letzten Minuten in einen Dauerzustand verwandeln. Das braucht Übung, denn der Weg *zur Harmonie in dir* ist keine einmalige Handlung, die auf Anhieb alles ändert. Es ist ein kontinuierlicher Lebensweg, der zur „Gewohnheit" werden muss, damit sich daraus eine innere Haltung entwickelt. Als Folge dieser inneren Haltung werden sich die natürlichen und gesunden Verhaltensmuster dann ganz von selbst einstellen.

In den folgenden Kapiteln werden die für das Selbstgefühl entscheidenden Denk- und Verhaltensweisen in ihren Zusammenhängen und Auswirkungen dargelegt. Sie beschreiben meinen eigenen Weg und sind (m)ein ganz persönliches „Anti-Leid-Programm" für (m)einen Weg der Selbstentfaltung, inneren Harmonie und Zufriedenheit.

Ich passe mich den Bewegungen des Lebens an.

Die Bewegungen des Lebens vollziehen sich mit unwiderstehlicher Kraft. Blitze, Stürme und Flutwellen, das Entstehen und Verschwinden diverser Spezies von unserem Planeten, all das gehört dazu und wird trotz aller Anstrengungen vom Intellekt der meisten Menschen noch nicht einmal ansatzweise in seinen Zusammenhängen erfasst, geschweige denn begriffen. Ein Lebewesen überlebt, indem es sich seiner Umwelt, der speziell auf sein Leben wirkenden Bewegung des Lebens anpasst. Ich passe mich an, indem ich den natürlichen Bewegungen des Lebens möglichst wenig Widerstand entgegensetze. Widerstand aufgeben heißt jedoch nicht, grundsätzlich alles hinzunehmen. Das Leben bewegt sich in einem Rhythmus von Spannung und Entspannung, einem permanenten Wechsel zwischen Druck, Nachgeben und Gegendruck. Widerstand zu leisten bedeutet hier Starrheit, Widerstand aufzugeben bedeutet *Flexibilität*. Wenn ich der Bewegung des Lebens mit Starrheit zu widerstehen versuche, werde ich irgendwann daran zerbrechen.

Gesund ist es, auf die Bewegungen, den Druck des Lebens flexibel zu reagieren, also an der richtigen Stelle nachzugeben und an der richtigen Stelle Gegendruck auszuüben. Gegendruck ist in diesem Fall kein Widerstand, sondern ebenfalls eine natürliche und gesunde Bewegung des Lebens. Ich erkenne den Grad meiner Anpassung am Ausmaß der Leichtigkeit, mit der ich mich durch mein Leben bewege. Wenn ich mich innerlich wohl fühle mit der Art, wie ich mein Leben lebe, bin ich auf einem natürlichen und harmonischen Weg.

Ich folge dem, was mich zieht und treibt.

Früher dachte ich immer, ich könnte frei entscheiden. Doch das war ein Irrtum. Auch die Wissenschaft hat das mittlerweile nachgewiesen: Wenn wir bewusst eine Entscheidung fällen, wurde sie kurz zuvor im Hirn bereits getroffen. „Freie" Entscheidungen sind nur innerhalb eines gewissen Rahmens möglich. Dieser Rahmen wird bestimmt durch die unzähligen Kräfte, die auf jedes Wesen einwirken. Diese Kräfte sind die Kräfte des Lebens. Wir spüren diese Kräfte als Impulse, die uns antreiben und als Anziehungskraft, die uns anzieht. Doch wie oft folgen wir nicht unseren eigenen Impulsen, sondern statt dessen diversen uns (selbst) auferlegten Anweisungen, Regeln und Zwängen? Wie sehr leben wir unser Leben fremdbestimmt statt selbstbestimmt? Die Unterdrückung unserer Impulse und der uns anziehenden Kräfte sind Widerstand gegen unsere eigene Natur. Folge ich dem, was mich innerlich zieht und treibt, folge ich der Kraft des Lebens und bewege mich in Harmonie mit der Bewegung des Lebens.

Ich beende meine Anstrengungen, unabänderliche Realitäten zu ändern.

Immer wieder habe ich versucht, gegen unabänderliche Realitäten anzukämpfen. Doch nur zu oft waren meine Anstrengungen vergeblich. Selbst wenn sie erfolgreich zu sein schienen, haben sich die grundlegenden Umstände nie wirklich verändert. Meine Versuche, die unveränderbaren Realitäten meinen Wünschen entsprechend zu beeinflussen, waren lediglich Widerstand gegen die natürliche Bewegung des Lebens. So habe ich jahrelang einen sinnlosen und erschöpfenden Kampf gegen die Kräfte des Lebens geführt, an dem ich fast zerbrochen wäre. Indem ich durch Krisen lernen *musste*, die unabänderlichen Realitäten mit

Demut zu akzeptieren, hat sich mein innerer Krieg sehr schnell in inneren Frieden verwandelt.

Ich nehme teil am Spiel des Lebens und lebe mein Leben spielerisch.

Man sagte mir, dass mit dem Berufsleben der Ernst des Lebens beginnt. Leider habe ich diese Lüge damals geglaubt – und damit wurde es ernst für mich. Ich habe mein Leben voller Ernst auf Kosten von Lebensfreude gelebt. Dann habe ich mir die Frage gestellt, ob ich am Ernst des Lebens leiden oder mich am Spiel des Lebens freuen will – und habe mich dafür entschieden, mein Leben spielerisch, als Spiel zu leben. Mit jedem Spiel-Zug kehrte ein Stück Lebensfreude zurück.

Ich höre auf, nach dem „Guten" zu greifen.

Der Vorgang geistigen Greifens ist eine Spirale. Ich habe unablässig gegriffen nach Anerkennung, Sicherheit, Erfolg, Erkenntnis, Erfüllung, Liebe. Doch ich bekam nie genug davon, ich wollte immer mehr. Ich selbst habe durch mein Greifen meine Zufriedenheit verhindert. Ich habe mich nicht vom Leben beschenken lassen, ich wollte haben und erzwingen. Das Ergebnis war endlose Frustration. Greifen entsteht im Denken. Also habe ich mein Denken geändert. Ich lasse die Dinge geschehen, ich denke nicht mehr „Ich will", sondern „Ich gebe – ich gebe hin". Hingabe ist eine Quelle. Aus dieser Quelle sprudelt Harmonie.

Ich höre auf, zu streben.

Streben ist der Versuch, dem Platz zu entkommen, an dem man sich gerade befindet. Die grundlegende Ursache des Strebens ist es, dem Tod entkommen zu wollen. Ein sinnloses Unterfangen. Streben verhindert Zufriedenheit. Denn wenn ich zufrieden bin, gibt es keinen Grund, etwas anzustreben. Nicht zu streben bedeutet jedoch nicht, passiv und apathisch zu sein. Statt meine Zufriedenheit von der Erfüllung meiner Erwartungen abhängig zu machen, handle ich aus innerem Antrieb und mit Spaß am Handeln an sich, ohne dabei etwas anzustreben. Damit befreie ich mich von dem Druck, etwas erreichen zu müssen. So empfinde ich Freude bei allen meinen Aktivitäten und kann in meinen Handlungen und in allem, was ich denke und fühle, erfüllt und zufrieden sein.

Ich höre auf, zu suchen.

Jeder von uns kennt Situationen, in denen wir etwas verlegt haben, es immer intensiver suchen, doch es partout nicht finden können. Wenn wir dann resignieren und die Suche aufgeben, siehe da, wie aus heiterem Himmel taucht der verlorene geglaubte Gegenstand wieder auf und wir fragen uns, wie es möglich sein konnte, ihn trotz unserer intensiven Suche nicht gleich gefunden zu haben. Wir finden dann am besten, wenn wir uns von den „gesuchten" Dingen finden lassen, denn durch angestrengtes Suchen entsteht Verkrampfung, welche die für das Finden notwendige Offenheit blockiert. So finden erfolgreiche Pilzsammler die schönsten und besten Exemplare wie von selbst, während der angestrengte Pilzsucher vor lauter Laub den schönsten Steinpilz übersieht. Wirklich wichtig wird das Finden lassen allerdings besonders dann, wenn es um innere Angelegenheiten geht. Jahrzehntelang war ich auf einer sinnlosen Suche nach Glück, nach Liebe, nach Erkenntnis und Erfüllung – nach mir selbst. Ein Satz wie „Ich bin auf der Suche nach mir selbst" macht den *Irr*-Sinn deutlich: Wie kann man nur im Außen nach etwas suchen, was man bereits in sich hat ??? Die Suche nach Glück, Erkenntnis, Erfüllung und Liebe ist restlos zum Scheitern verurteilt, denn all das trägt jeder Mensch von Anfang an in seinem Selbst. Wer dies alles „finden" will, braucht es nur zuzulassen. Die Suche nach all dem entspringt dem Ego. Das Ego will finden – das Ego will. Selbstfindung ist aber vollkommen überflüssig, denn wir haben unser Selbst ja bereits in uns. Unsere inneren Schätze können sich jedoch nur dann frei entfalten, wenn sie vom Ego nicht blockiert werden. Der Weg zur inneren und äußeren Harmonie führt über Selbstbefreiung, über die Befreiung des Selbst aus der Umklammerung des Ego. Das Suchen aufzugeben ist ein großer Schritt auf diesem Weg.

Ich höre auf, zu wünschen.

Anderen Menschen alles erdenklich Gute zu wünschen ist eine feine Sache. Das ist kein Greifen, sondern ein Geben. Hier jedoch geht es um das Aufgeben selbstbezogener Wünsche. Der Satz „Ich bin wunschlos glücklich" beschreibt genau, was damit gemeint ist: Ich finde mein Glück unabhängig von der Erfüllung selbstbezogener Wünsche. Die Grundlage selbstbezogenen Wünschens ist immer ein Gefühl des Mangels. Ein daraus entstehender Wunsch ist geistiges Greifen nach Erfüllung dieses Wunsches. Indem ich meine selbstbezogenen Wünsche aufgebe, beende ich meine sinnlose Jagd nach Erfüllung von Vorstellungen, Hoffnungen und Illusionen. So befreie ich mich vom Gefühl des Mangels, dem Gefühl, nicht das zu haben, was ich will oder glaube zu brauchen. Es gibt keinen Grund, dass ich mir etwas wünsche, was ich bereits habe. Denn alles, was ich wirklich brauche, habe ich schon (immer) in mir (gehabt). Aus diesem Erkennen der in mir selbst vorhandenen Fülle entwickelt sich Zufriedenheit.

Ich lasse meine Vorstellungen los.

„Genau so habe ich mir das vorgestellt". Wenn ich ehrlich bin, stelle ich fest, dass ich diesen Satz nicht sehr oft aussprechen konnte. Öfter hingegen passte der Spruch „Es kommt immer anders, als man denkt". Je mehr ich an meinen diversen Vorstellungen festgehalten habe, desto weniger wurden sie Realität. Durch die innere Bindung an meine Vorstellungen blockiere ich mich in der Entfaltung meiner Möglichkeiten. Nur durch das Loslassen meiner Vorstellungen öffne ich mich gegenüber dem, was mir das Leben schenken will und kann. Meine Vorstellungen lasse ich los, indem ich meine Aufmerksamkeit im Jetzt belasse statt gedanklich in der Zukunft zu leben. Das ist nämlich zwecklos, denn es kommt eh meist anders, als man denkt.

Ich lasse meine Hoffnungen los.

Manche Hoffnungen erfüllen sich, andere nicht. Von vielen Hoffnungen musste ich mich bereits verabschieden. Durch mein Hoffen erreiche ich gar nichts. Wenn sich eine Hoffnung erfüllt hatte, sagte ich oft gedankenlos „Gott sei Dank". Dieser kleine Satz birgt die Wahrheit in sich: Die Erfüllung meiner Hoffnungen liegt nicht in meiner Hand. Die Nichterfüllung von Hoffnungen erzeugt eine ständig steigende Anspannung. Das Loslassen meiner Hoffnungen ist ein Akt der Hingabe, des Gottvertrauens und führt zu Entspannung. Ich lasse meine Hoffnungen los, indem ich dem Leben, dem Universum, Gott und mir selbst vertraue.

Ich lasse meine Illusionen los.

Voller Illusionen war ich gewesen. Illusionen sind Wunschvorstellungen, die nur äußerst selten Wirklichkeit werden. Ein Illusionist täuscht seinen Zuschauern etwas als real vor, was in Wirklichkeit ganz anders ist. Illusionen sind irreal, es sind die Realität verschleiernde Täuschungen – Selbsttäuschungen. Es ist jedoch überhaupt nicht schlimm, seine Illusionen aufzugeben – ganz im Gegenteil. Selbst gemachte Illusionen entstehen im Denken. Ich lasse meine Illusionen los, indem ich keine weiteren Gedanken daran verschwende. Durch das Aufgeben meiner Illusionen gewinne ich die Wahrheit der Wirklichkeit, denn sie ist es, was dann übrig bleibt.

Ich lasse alles los.

Loslassen bezieht sich hier auf Gedanken, Gefühle, Einstellungen und Handlungen, an denen ich festhalte. Nur das, was ich festhalte, kann ich auch loslassen. Wenn ich an etwas festhalte, binde ich mich daran. Wenn ich mich an etwas binde, bin ich gebunden. Bin ich gebunden, wird meine Bewegungsfähigkeit unterbunden. Werden meine Bewegungen verhindert, wird meine Vitalität gemindert. Und je mehr sich mein Festhalten und demzufolge mein Binden und Anhaften verstärken, desto mehr werden die Bindfäden zu Fesseln, die von meinem festhaltenden Ego immer enger um mein Selbst gezogen werden und meine Lebenskraft, die sich aus meinem Selbst entfalten will, zunehmend ersticken. Nur indem ich das, was ich festhalte, loslasse, schaffe ich die Voraussetzung, dass es aus freien Stücken bei mir bleiben kann. Die Ursache für alles Festhalten ist Angst - die Angst vor Verlust dessen, woran ich festhalte. Doch nichts kann und werde ich jemals dauerhaft besitzen. Würde ich das jeweilige Objekt meiner Begierde wirklich „besitzen", müsste ich es nämlich nicht festhalten.

Je stärker ich festhalte, desto größer ist meine Verlustangst. Und je stärker ich mich an etwas klammere, desto eher wird es sich losreißen. Was ich nicht festhalte, kann ich auch nicht verlieren. Loslassen befreit von Verlustangst. Aber wie gelingt mir das Loslassen?

Die wichtigste und entscheidende Voraussetzung für das Loslassen ist *Vertrauen*. Indem ich darauf vertraue, dass mir das Leben genau das gibt, was für mich „vorgesehen" ist, selbst dann, wenn es sehr schmerzhaft ist und vielleicht sogar das Schlimmste für mich bedeutet, kann ich mein Festhalten überwinden. Festhalten ist Fixierung und Stillstand. Doch alles auf der Welt fließt unaufhörlich. Ich mache mir also zuerst bewusst, an welchen Gedanken, Gefühlen und Verhaltensmustern ich eigentlich festhalte. Dann lasse ich diese Gedanken und Gefühle immer wieder bewusst kommen und gehen. So können sie ungehindert fließen. Alles in mir selbst fließen zu lassen, das macht meine Lebendigkeit aus. Fließen ist ein Ausdruck von Harmonie.

Wenn ich nichts mehr festhalte, alles losgelassen habe und frei bin von Bindungen und Anhaftungen jeder Art – dann kommt die Welt zu mir.

Ich bestimme selbst über Art, Richtung und Inhalt meiner Gedanken.

Immer wieder bekommen wir gesagt, wie und was wir denken sollen. Alle möglichen Instanzen versuchen, unser Denken zu beeinflussen. Doch je stärker ich mein Denken der herrschenden Meinung, den Konzepten der Politik, den Werten der Werbung, den Glaubenssätzen der Kirchen, dem Willen meiner Erzieher und den Erwartungen meiner Freunde anpasse, desto mehr verliere ich den Kontakt mit meinem Selbst. So entwickle ich mich zum Produkt meiner Umwelt, statt meinen Wesenskern zu entfalten, wie es meine wahre Pflicht ist. Wenn ich mir jedoch den Zustand meiner Fremdbestimmung bewusst mache, kann ich ihn beenden. Ich brauche keine Moral, keine Gesetze, keine Ethik und keine Regeln, um das Richtige zu denken und zu tun. Indem ich selbst mit vollem Bewusstsein über Art, Richtung und Inhalt meiner Gedanken bestimme, übernehme ich die volle Verantwortung für mich selbst. Ich allein entscheide dann, ob ich aus meinem Herzen eine Mördergrube mache oder ein Himmelreich, ob ich die Welt liebe oder hasse, ob mein Leben von Leid oder innerer Harmonie und Zufriedenheit geprägt ist.

Leid entsteht besonders dann, wenn sich mein Denken um mein eigenes Ich dreht und damit mein Selbst an seiner Entfaltung hindert. Je mehr ich an mich selbst denke, desto stärker schwäche ich mich selbst. Wenn ich jedoch nach außen denke, kann der Strom meiner Gedanken ungehindert fließen. Indem ich mein Denken hin zum „Du" lenke, kann sich mein Selbst frei entfalten. Nichts ist wichtiger. Mein Denken steuert mein Selbstgefühl.

Ich konzentriere mein Denken.

Durch einen Mangel an (gedanklichen) Inhalten, die uns befriedigen und erfüllen, entsteht sprunghaftes und hektisches Denken. Hektisches Denken führt zu innerer Unruhe. Um diesem langfristig hochgradig erschöpfenden Zustand innerer Unruhe zu entkommen, wird immer öfter die Flucht in Alkohol, Drogen oder anderes Suchtverhalten zum nächsten, weil bequemen Schritt. Doch Flucht beruhigt natürlich nicht wirklich, sie lässt uns lediglich für kurze Zeit unsere inneren Mangelzustände vergessen. Wenn mein Denken unkonzentriert und zerfahren ist, ähnelt das einem unruhigen Fluss, dessen Kraft in unzähligen Nebenflüssen versandet. Indem ich mein Denken konzentriere, können meine Gedanken nicht mehr ziellos umherschweifen. Dann fließen sie wie ein Fluss, der kraftvoll ins Meer strömt und dort zur Ruhe kommt.

Ich lasse meine Gedanken fließen.

Wenn sich die Gedanken endlos im Kreis bewegen, entsteht daraus ein Teufelskreis, der seinem Namen mehr als gerecht wird. Besonders im Zustand starker Emotionen hatte ich oft keinerlei Einfluss mehr auf mein Denken. Wenn die Gedanken an bestimmten Punkten anhaften, wird es zunehmend problematisch, denn Gedanken, die nicht losgelassen werden, entwickeln sich im Lauf der Zeit zu überaus gefährlichen Hindernissen. Das Festhalten von Gedanken blockiert den natürlichen Fluss des Denkens wie ein Damm, der einen Fluss staut. Dadurch entsteht ein immer stärkerer werdender Druck, der irgendwann alle Dämme bricht. Gedanken sind wie Strom, und Strom fließt. Stauung und Überspannung verursachen einen Kurzschluss. „Der ist ja durchgeknallt" oder „Mir brennt gleich eine Sicherung durch" – das sind Sätze mit einem überaus realen Hintergrund. Doch soweit muss es nicht kommen, denn als Mensch kann ich über den Strom meines Denkens selbst bestimmen, wenn ich mir diese Tatsache bewusst mache. Wenn meine Gedanken fließen, ist mein Denken in Bewegung. Bewegtes Denken ist lebendiges Denken, und lebendiges Denken erzeugt lebendige Gefühle. Bewegtes Denken ist die Voraussetzung für innere Lebendigkeit. Nur wenn die Gedanken ungehindert fließen, entsteht Freiraum für neue Gedanken und damit die Möglichkeit für Entwicklung und Wachstum. Deshalb lasse ich meine Gedanken kommen, aber auch wieder gehen. Immer wieder. So fließen sie ganz von selbst.

Ich beruhige mein Denken.

Mein Denken beruhigt sich, wenn die Gedanken durch Worte geführt werden. Mein Denken beruhigt sich, wenn die Gedanken durch Spiel und Spaß erheitert werden. Mein Denken beruhigt sich, wenn die Gedanken auf eine Aufgabe konzentriert werden. Mein Denken beruhigt sich, wenn ich meine Gedanken loslasse.

Wenn ich meine Gedanken loslasse, leert sich die Mitte. Wenn ich meine Konzentration dann in die Mitte lenke und dort belasse, entsteht innere Ruhe. Man kann es auch Meditation nennen.

Ich höre auf, vor unangenehmen Gefühlen zu flüchten.

Wir alle kennen unangenehme Gefühle wie Schmerz, Leid oder Angst. Niemand mag diese Art von Gefühlen, und doch muss jeder von uns auch mit unangenehmen Gefühlen zurechtkommen. Wir können sie annehmen und verarbeiten, sie verdrängen oder vor ihnen flüchten. Wie schon bei unserer Flucht vor unangenehmen Gedanken fliehen wir allzu gern in einen zwar vordergründig angenehmeren, aber immer nur kurzfristig anhaltenden anderen Zustand. Besonders leicht und gern werden solche Gefühlszustände durch den Konsum stimmungsverändernder Substanzen oder durch stimmungsverändernde Verhaltensweisen herbeigeführt. Doch dadurch lösen sich die unerwünschten Gefühle nicht einfach in Luft auf. Sie sind immer noch in uns, und dort bleiben sie auch. Durch unser Fliehen werden sie lediglich verdrängt. Weil sie jedoch nur verdrängt werden, wird unsere Flucht auch hier zur Flucht in die Sucht. Psychische Abhängigkeit ist fast immer die Folge einer Flucht vor unerwünschten Gefühlen. Meditation kann genauso süchtig machen wie der Konsum von Heroin. Deshalb ist es sinnlos und kontraproduktiv, vor unerwünschten Gefühlen zu flüchten. Überaus unerträglich werden unangenehme Gefühle dann, wenn daraus auch noch das Gefühl entsteht, nichts dagegen ausrichten zu können. Dieses Gefühl der Ohnmacht dem unangenehmen Gefühl gegenüber ist häufig das Schlimmste an unserem Erleben. Ohnmachtgefühle sind jedoch sehr wertvoll, denn in Situationen der Ohnmacht erlebt man die ungeschminkte Wahrheit. Deshalb ist es empfehlenswert, besonders die unangenehmen Gefühle anzunehmen, sie zu durchleben, dann aber nicht festzuhalten, sondern wieder loszulassen.

Ich nehme alle meine Gefühle an.

Alle Gefühle, die in mir entstehen, haben ihren Sinn. Gefühle zu verdrängen ist ungesund, denn sie bleiben in mir existent und entfalten ihre Wirkung unkontrollierbar im Unterbewusstsein. Alle meine Gefühle sind ein Teil von mir. Deshalb lasse ich auch meine unangenehmen Gefühle zu. Ich nehme sie an, indem ich sie bewusst durchlebe und dann wieder loslasse.

Ich durchlebe meine Mangelgefühle, statt ihrer Befriedigung nachzujagen.

Mangelgefühle entstehen durch unbefriedigte Bedürfnisse. Aus dem Bedürfnis, unsere Mangelgefühle zu befriedigen, entwickeln sich unsere lebensnotwendigen Antriebskräfte. Wenn es sich dabei um Mangelgefühle handelt, die aus existenziellen Mangelzuständen entstanden sind, ist es sinnvoll, sie zu befriedigen. Wenn wir hungrig sind, müssen wir essen. Doch muss es unbedingt ein Big Mac sein? Ähnlich verhält es sich mit geistigen und emotionalen Bedürfnissen. Menschen brauchen emotionale Kontakte und geistigen Austausch. Doch wenn ich beispielsweise an einem Mangel an Erfolgserlebnissen leide, macht es wenig Sinn, irrealen Vorstellungen von einer eventuellen Traumkarriere nachzujagen. Wenn die Befriedigung gewisser Bedürfnisse einfach nicht im Rahmen meiner Möglichkeiten liegt und ich trotzdem dieser Befriedigung nachjage, führt das zu umfassender Erschöpfung und langfristig zum Absterben sämtlicher Antriebskräfte. Deshalb durchlebe ich meine Mangelgefühle ganz bewusst, ohne jedoch dabei an die auslösenden Faktoren zu denken und lasse sie dann wieder los. Indem ich so mit meinen Gefühlen umgehe, lassen meine Mangelgefühle im Lauf der Zeit in ihrer Intensität nach und ich kann mich zunehmend von ihnen befreien.

Ich lasse meine Gefühle los.

Jeden Tag entstehen neue Gefühle in uns. Sie werden ausgelöst durch die verschiedensten Lebenssituationen, die wir tagtäglich durchleben. Sobald sich diese Situationen verändern, ändert sich auch das Gefühl. Wenn mir meine Freundin ihre Zuwendung schenkt, entsteht in mir ein Gefühl der Freude. Wenn wir uns streiten, wird sich dieses Gefühl der Freude im Normalfall situationsbezogen ändern. Vor einer anstehenden Operation entsteht ein Gefühl von Angst. Ist die Operation erfolgreich verlaufen, wird mich diese Angst in der Regel wieder verlassen. Gefühle kommen und gehen. Wenn ich jedoch meine Gefühle durch Festhalten künstlich verlängere, bleiben sie in mir. Dann sammeln sich immer mehr Gefühle an und es entsteht ein Gefühlsstau. Gefühle haben dieselben Eigenschaften wie Wasser. Sie können ruhig sein wie der unbewegte Spiegel eines Sees. Dann können wir bis auf den Grund sehen. Sie können Wellen schlagen wie das Meer. Ist das Meer vom Sturm aufgewühlt, ist das Wasser trübe und wir können die Hand vor Augen nicht erkennen. Wie ein Tsunami können Gefühle ein großes Zerstörungspotential entwickeln. Wie Wasser können Gefühle durch Kälte gefrieren oder durch Hitze zum Kochen gebracht werden. Wenn sich Wasser bewegt, ist es lebendig. Fließendes Wasser reinigt sich selbst. Stehendes Wasser in einem Tümpel verfault, aufgestautes Wasser bricht Dämme. Ein Zuviel an Gefühlen führt zur Überschwemmung. Dann fließen Tränen. Sind die Kanäle verstopft, ertrinkt der Mensch innerlich. Indem ich meine Gefühle ständig loslasse, können sie ungehindert fließen. Ich lasse sie los, indem ich sie nicht festhalte. Wenn ich sie nicht durch Festhalten künstlich verlängere, verlassen sie mich von selbst und der Fluss meiner Gefühle strömt von ganz allein.

Ich belasse meine Gefühle im Hier und Jetzt.

Das Loslassen von Gefühlen funktioniert am besten, wenn ich im Hier und Jetzt lebe statt in der Vergangenheit oder der Zukunft. Wenn ich geistig in der Vergangenheit verharre, werden die vergangenen Situationen festgehalten. In solchen Situationen, die nichts anderes sind als Illusion, kann ich mich für unbegrenzte Zeit aufhalten. Wenn ich meine Aufmerksamkeit beispielsweise auf eine vergangene oder unglückliche Liebe richte, wird sich automatisch das entsprechende Gefühl einstellen. Auf diese Weise kann ich mein Leben mit dem Gefühl von Traurigkeit restlos und dauerhaft ausfüllen, je nachdem, in welchem Ausmaß ich mich mit meiner Aufmerksamkeit an eine entsprechende Situation binde. Dasselbe gilt natürlich auch für positive oder negative Szenarien, die sich in der Zukunft abspielen könnten. Wenn ich jedoch bewusst im Hier und Jetzt lebe, ändern sich zwangsläufig die erlebten Situationen und damit auch die Gefühle ununterbrochen. So bleiben die Gefühle in einem unaufhörlichen Fluss. Wenn ich meine Aufmerksamkeit im Hier und Jetzt belasse, ist das Festhalten von Gefühlen nicht möglich. Das Loslassen geschieht dann ganz von selbst.

Ich vertraue der Unfehlbarkeit der Schöpfung.

Vor Millionen von Jahren war unsere Erde kalt und unbelebt. Vieles hat sich entwickelt seitdem. Und alles, was darauf existiert und existiert hat, war zu jeder Zeit ein perfekt funktionierender Teil des Ganzen. Alle „Zahnräder" dieser „Maschine" drehen sich im passenden Tempo in die richtige Richtung und greifen reibungslos ineinander. Das Gesamtwerk Erde zeigt in seiner Funktionsfähigkeit eine Dimension von Funktionalität, welche unsere menschliche Sichtweise in ihrer Begrenztheit entlarvt. Jede Phase der „Zerstörung" in unserer Erdgeschichte hat zu einer Weiterentwicklung des Gesamtwerks geführt, so, als ob ein Ingenieur aus der Maschine ein großes Zahnrad entfernt und dafür drei neue eingebaut hätte. Alles auf unserer Erde funktioniert wie ein Uhrwerk, welches immer feiner justiert wird. Die Tatsache, dass sich etliche Lebewesen seit Millionen von Jahren in ihrem Entwicklungsstand nicht verändert haben, dass es am Anfang nur Einzeller gab und heute hochentwickelte Lebewesen wie Menschen und Tiere existieren, das alles sind klare Beweise für die Unfehlbarkeit der Schöpfung. Sämtliche aus unserer menschlichen Sicht existierenden „Fehlentwicklungen" sind nichts anderes als Vorstufen für eine Weiterentwicklung des gesamten Schöpfungsprozesses, auch wenn manches aus unserer menschlichen Perspektive zerstörerisch, ungerecht und grausam zu sein scheint. Die Unfehlbarkeit der Schöpfung manifestiert sich in allem, was jemals war und heute ist. Indem ich auf diese Unfehlbarkeit der Schöpfung vertraue, finde ich eine innere Sicherheit, die durch nichts erschüttert werden kann.

Doch was genau ist eigentlich Vertrauen und wie kann ich es entwickeln? Vertrauen drückt sich aus in dem Gefühl, dass mit dem Objekt meines Vertrauens alles „in Ordnung" ist und keine Bedrohung für mich davon ausgeht, sondern Sicherheit. Die Voraussetzung für die Entstehung dieses Gefühls ist Informationsaustausch, also Kommunikation. Im Fall des Vertrauens auf die Unfehlbarkeit der Schöpfung bedeutet das, dass ich mit der Schöpfung kommuniziere, also mit ihr in einer Beziehung stehe. Diese Beziehung stelle ich her, indem ich mich mit der Schöpfung verbinde, statt mich davon zu trennen. Wenn ich mich mit der Schöpfung verbunden fühle, empfinde ich mich als Teil des Ganzen. Dadurch findet ein Informationsaustausch statt, der in mir unausweichlich die Gewissheit entstehen lässt, dass alles „in Ordnung" ist so, wie es ist. So entsteht Vertrauen in die Unfehlbarkeit der Welt und in damit auch in alles andere, was mein Bedürfnis nach Sicherheit befriedigen soll und kann.

Die wichtigste Voraussetzung für das Entstehen von Vertrauen ist Kommunikation.

Ich vertraue meinen Gedanken und Gefühlen.

Jeder Mensch entwickelt Gedanken und Gefühle als Reaktion auf Situationen und Umstände, die uns umgeben. Wenn ich eine Weile nichts gegessen habe, entsteht die Empfindung von Hunger. Aus dieser Empfindung entsteht das Bedürfnis, meinen Hunger zu stillen. Wenn es mir dann nicht gelingt, Nahrung aufzutreiben, entstehen aus den Gedanken, nichts zu essen zu bekommen, Gefühle von Verzweiflung, Traurigkeit und Wut. Meine Gedanken und Gefühle sind die Folge der Verarbeitung von unzähligen Informationen, die mir durch meine Umgebung zur Verfügung gestellt und von mir aufgenommen und verarbeitet werden. Meine Gedanken und Gefühle tragen dazu bei, mir mein Überleben in meiner Umgebung zu ermöglichen. Ausschlaggebend für die Beschaffenheit meiner Gedanken und Gefühle ist dabei die geistige, emotionale und materielle Beschaffenheit meiner Umgebung. Das gilt für alle Lebewesen, für Pflanzen und Tiere ebenso wie für uns Menschen. In einem gewissen Ausmaß kann ich selbst über die Art meiner Umgebung entscheiden und damit über die Beschaffenheit meiner Gedanken und Gefühle. In jedem Fall entstehen sie in mir selbst und sind damit ein Teil von mir. Je intensiver ich mit meinen Gedanken und Gefühlen in Kontakt bin, desto intensiver wird die Verbindung (und damit die Kommunikation) zwischen Selbst und Bewusstsein. Durch diese Selbst-Bewusstwerdung erfahre und erkenne ich zwangsläufig, dass alle meine Gedanken und Gefühle ein Teil von mir sind und ich ihnen deshalb vertrauen kann. Dieses Vertrauen nimmt zu, je mehr ich durch meine daraus entstehenden Handlungen entsprechende Erfahrungen mache. Indem ich meinen Gedanken und Gefühlen vertraue, vertraue ich mir selbst. Das nennt man dann Selbstvertrauen.

Ich vertraue der Weisheit meines Selbst.

Je umfassender ich mit meinem Selbst in Kontakt bin, desto deutlicher wird es mir bewusst, desto besser lerne ich es kennen. Das Selbst zeigt sich dann immer klarer als Teil der reinen Wahrheit. Im Gegensatz zum Ego, welches ja nur die Folge der unterschiedlichen aufgenommenen und verarbeiteten Informationen ist, bleibt mein Selbst das, was es schon immer war: Die Quelle meines Seins. Je deutlicher ich mein Selbst erkenne, desto stärker wird sich auch mein Vertrauen in mein Selbst und demzufolge in seine (meine) absolute Weisheit entwickeln. Die Weisheit meines Selbst äußert sich als mein Gewissen, als Stimme meines Herzens, die mir sagt, ob irgendetwas „richtig" oder „falsch" ist. Sie zeigt mir mit unfehlbarer Sicherheit den für mich richtigen Weg meines Denkens, Fühlens und Handelns. Indem ich der Weisheit meines Selbst (man kann es auch Schöpfung oder Gott nennen) vertraue, finde ich maximale Sicherheit in bezug auf das „Richtigsein" meiner Person. Durch mein Vertrauen in die Weisheit meines Selbst verliere ich meine Selbstzweifel und gewinne wirkliche, weil aus meinem Selbst entstandene Selbst-Sicherheit. Dies alles mache ich mir immer wieder und unablässig bewusst.

Ich befreie mein Denken von fremden Stimmen.

Als Mensch habe ich die Wahl, ob ich mich meiner Natur entsprechend durch mein Leben bewege oder ob ich mich von den Sichtweisen anderer Menschen leiten lasse. Dazu ein kleines Beispiel aus dem Tierreich: Ein Lachs wird in einem kleinen Fluss in Kanada „gezeugt". Im Lauf seines Lebens durchschwimmt er den Atlantik und legt Tausende von Kilometern zurück. Eines Tages schwimmt er zurück nach Kanada, und seine Reise endet exakt an der Flussbiegung, an der sein Leben begann. Unzweifelhaft hat er sein Leben seiner Natur entsprechend gelebt. Oder gab es da andere Lachse, die ihm gesagt haben, wohin genau er zu schwimmen hat? Jeder Wildlachs bewegt sich seiner Natur entsprechend durchs Leben und findet offensichtlich und unvermeidbar den richtigen Weg. Der Weg, den wir als Menschen gehen, ist genauso unvermeidbar „richtig". Wenn ich meinen Lebensweg durch die Stimmen anderer Menschen bestimmen lasse, führt mich das auf einen für mich dem gemäss richtigen Weg. Entscheide ich mich jedoch dafür, mich nicht von den Stimmen anderer leiten zu lassen, sondern meiner eigenen innerer Stimme zu folgen, führt mich das auf den für mich diesem gemäss richtigen Weg. Die „fremden" Stimmen, die in mir wirken, sind unterschiedlich laut und intensiv. Je lauter sie sind, desto schwerer fällt es mir, meine eigene innere Stimme wahrzunehmen. Doch die Entscheidung, welches Gewicht, welche Macht ich diesen fremden Stimmen gebe, liegt zu einem großen Teil bei mir selbst. Gerade erinnere ich mich wieder an den Weg der Lachse, die mit ihrer Ankunft am Ort ihrer Entstehung und dem dann folgenden Ablaichen ihren Lebenssinn erfüllt haben. Es *kann* nicht in die Irre führen, der eigenen inneren Stimme zu folgen. Wenn ich meiner eigenen inneren Stimme folgen will, muss ich sie zuerst einmal hören können. Ich kann sie um so besser hören, je stiller es in mir ist. Also bringe ich die fremden Stimmen und meine Gedanken zum Schweigen, indem ich sie mir bewusst mache und bewusst weiterziehen lasse. Was dann bleibt, ist Stille. Dann kann ich meine eigene innere Stimme wieder hören. Den Weg zur Stille finde ich durch Meditation, ganz egal, ob mit oder ohne „Technik".

Ich entscheide intuitiv und handle instinktiv.

Wie häufig geraten wir über eine Entscheidung ins Grübeln, wälzen Gedanken hin und her, lassen uns plagen von Zweifel und Unsicherheit? Doch wenn wir uns dann zu einer Entscheidung durchringen, bleibt nicht selten das ungute Gefühl, vielleicht ja doch einen Fehler gemacht zu haben. Oft entwickelt sich die Situation dann genau so, wie wir es insgeheim befürchtet haben. Die meisten unserer Fehlentscheidungen kommen zustande, wenn wir über eine Entscheidung zu viel nachdenken. Denn unsere Gedanken entstehen im Ich (oder im Ego), und wenn wir bei unseren Entscheidungen unserem Denken folgen, nehmen wir damit unserer inneren Führung die Möglichkeit zur Entfaltung. Die Beschaffenheit unserer Gedanken hängt überwiegend von Außeneinflüssen ab. Denken ist nützlich, wenn es um die analytische Verarbeitung von Sachverhalten geht, die außerhalb von uns selbst liegen. Deshalb ist es nur bedingt sinnvoll, aus dem Intellekt zu entscheiden, wenn es um Entscheidungen geht, die den eigenen Lebensweg betreffen. Dann liegt der Wert des Denkens auf einer anderen Ebene. Durch Denken versorge ich die Quelle meiner Intuition (mein Selbst) mit diversen Informationen. Auf Basis dieser Informationen findet mein Selbst ganz unvermeidlich die für mich richtige Entscheidung, die ich dann als Intuition wahrnehme. Zuerst durchdenke ich also die entsprechende Situation. Dann entscheide ich ohne zu denken „aus dem Bauch" heraus. Bei den Handlungen, die sich aus meiner Entscheidung ergeben, verlasse ich mich auf meinen Instinkt. Mein Instinkt ist das Steuer, mit dem ich meine Handlungen lenke. Ich allein habe die Wahl: Wenn ich meinem Denken folge und kalkuliert handle, folge ich den Erzeugern meiner Gedanken. Indem ich intuitiv entscheide und instinktiv handle, folge ich meiner inneren Führung.

Ich folge meiner inneren Stimme.

Was für die Lachse gilt, gilt natürlich auch für alle anderen Lebewesen, die ihrer „inneren Stimme" folgen. Bei Tieren meldet sich die innere Stimme nicht mit Worten, sondern sie drückt sich aus als Instinkt. Dabei ist ein Teil des Instinkts genetisch angelegt, der andere Teil bildet sich durch Erfahrungen. Bei uns Menschen drückt sich die eigene innere Stimme aus als Stimme des Herzens, die sich als „Gewissen" äußert. Dieses Gewissen ist jedoch eine andere Instanz als das erlernte schlechte Gewissen, welches sich als Schuldgefühl auswirkt, wenn wir gegen uns auferlegte Regeln oder Gebote verstoßen. Die Stimme des Herzens äußert sich in der Gewissheit, das Richtige zu tun oder das Falsche nicht zu tun. Sie zeigt mir meinen Weg, der nicht immer verständlich sein muss und durchaus auch schmerzvolle Erfahrungen mit sich bringen kann. Wenn ich also spüre, irgend etwas tun zu „müssen", weil es einfach „richtig" ist, folge ich diesem Impuls voller Vertrauen. Indem ich dieser Stimme meines Herzens folge, fühle ich mich gut auf dem Weg, den ich gehe, unabhängig davon, wohin er mich führt. Dieser Weg ist der natürliche Weg meines Selbst – und dies ist der einzige Weg, auf dem ich ganz *ich selbst* bin.

Den Zustand innerer Spannung kennt jeder von uns, denn das ist der Zustand, in dem sich viele Westeuropäer die meiste Zeit ihres Lebens befinden. Die Hauptursachen dafür sind geistiges Greifen und Festhalten, geistiger Widerstand und die Unterdrückung des Selbst. Wenn keine Entspannung stattfindet, überträgt sich diese geistige Dauerspannung im Lauf der Zeit auf die seelische und auf die körperliche Ebene, wo sie sich zu Überspannung entwickelt und dann in den unterschiedlichsten Krankheiten auswirkt. Wirkliche Entspannung kann nur entstehen, wenn die spannungsverursachenden geistigen Verhaltensweisen geändert werden.

Ich beende meinen geistigen Widerstand.

Es gibt wohl niemanden, der nicht in irgendeiner Weise geistigen Widerstand leistet, denn das ist in unserer vielschichtigen Welt unvermeidlich. Für jeden Menschen gibt es viele subjektiv berechtigte Gründe, gegen irgend etwas geistigen Widerstand zu leisten. Gefährlich wird es dann, wenn es zum Dauerzustand, zur Gewohnheit wird. Das ist sehr oft der Fall und geschieht meist schleichend und unbemerkt. Geistiger Widerstand bedeutet, dass ich das Objekt meines Widerstands innerlich bekämpfe. Doch dies ist vollkommen sinnlos, denn das ändert nichts an der Situation. Der einzige Effekt ist, dass ich permanent innere Kriege führe. Auch einem realen Krieg gehen Spannungen zwischen den beteiligten Parteien voraus. Im Innenleben gelten dieselben Gesetze wie auch im äußeren Leben. Ich beende meinen geistigen Widerstand beispielsweise durch Akzeptanz, Toleranz, Kompromisse, das Verändern meiner

Sichtweisen, eine Neuausrichtung meiner Aufmerksamkeit und mein offen sein gegenüber Neuem. All diese Reaktionen haben eines gemeinsam: Statt sinnlos geistigen Widerstand zu leisten, mache ich damit das Beste aus der jeweiligen Situation. Das gelingt mir um so besser, je umfassender ich der Unfehlbarkeit der Schöpfung vertraue. Vertrauen in die Unfehlbarkeit der Schöpfung ist das Gegenteil von Widerstand und bringt augenblickliche geistige und emotionale Entspannung.

Ich beende mein geistiges Greifen und Festhalten und lebe bewusst im Hier und Jetzt.

Der Ausdruck geistigen Greifens ist das „Ich will". Wenn ich nach Wünschen, Vorstellungen, Hoffnungen und anderen Phantasien greife, entsteht innere Anspannung. Wenn ich an diesen Gedanken festhalte, die ja alle auf die Zukunft gerichtet sind, entwickelt sich daraus ein Zustand innerer Spannung, der an Intensität zunimmt, je länger er andauert. Geistiges Greifen und Festhalten findet statt, wenn ich meine Aufmerksamkeit auf die Zukunft oder die Vergangenheit richte. Die Zukunft jedoch gibt es nicht, es existiert immer nur das Jetzt. Auch die Vergangenheit gibt es nicht. Sie ist vergangen. Geistiges Festhalten an der Vergangenheit ist oft gleichbedeutend mit einem Festhalten an Illusionen, die sich nie erfüllen können, weil sie ja bereits Vergangenheit sind. Indem ich das Festgehaltene loslasse, entsteht Entspannung. Indem ich mein geistiges Greifen aufgebe, kann innere Anspannung gar nicht erst aufkommen. Ich befreie mich vom Greifen und Festhalten, indem ich meine Aufmerksamkeit im Hier und Jetzt belasse. Bewusst im Hier und Jetzt zu leben statt in der Vergangenheit oder in der Zukunft ist eine entscheidende Voraussetzung für das Entstehen von innerer Harmonie.

Ich ermögliche es meinem Selbst, sich ungezwungen und frei zu entfalten.

Jahrelang war ich bestrebt, so zu sein, wie man es von mir erwartet hat. Ich habe versucht, meine Rollen so zu spielen, wie ich glaubte, dass sie vorgegeben wären. Ob es als Schüler war, als Hippie, als Student, als Liebhaber, als Partner, als Grafikdesigner oder als Maler, jahrelang habe ich versucht, den entsprechenden Schablonen mehr oder weniger genau zu entsprechen. Aus Angst vor Ablehnung habe ich mein Selbst in die Form der meinen Rollen entsprechenden Erwartungen gezwungen. Dies war mir jedoch nicht bewusst, denn statt dessen habe ich mein Ego ausgelebt. Doch das Ausleben des Ego verhindert die freie Entfaltung des Selbst. Das Selbst kann sich nur entfalten, wenn das Ego schwach ist. Wenn ich das Ego auslebe, bin ich, wie ich sein *will*. Das bedeutet, das ich mein Inneres in meinem Außenleben bewusst oder unbewusst verstecke, mir situationsentsprechende Masken aufsetze und mein Selbst in die entsprechenden Formen zwinge. Wenn ich mein Selbst in eine Form zwinge, entsteht starke innere Spannung, an der ich leicht zerbrechen kann. Wenn ich meine Masken ablege, riskiere ich es, innerlich erkannt, angesprochen, berührt und eventuell verletzt zu werden. Doch nur so zeige ich mich *selbst*. Dies wiederum ist gleichbedeutend mit Hingabe an das Leben. Hingabe an das Leben führt zur Selbstbefreiung, und damit entspannt sich mein zuvor angespanntes Selbst. Erst dann kann sich mein Selbst frei entfalten, und erst dann werde ich sein, wer und wie ich wirklich bin.

Die Bedeutung des Wortes „Liebe" ist sehr vielfältig. Sie reicht von „Ich liebe dich" über „Ich liebe mein Auto" bis zu „We love to entertain you". Liebe steht heute für Freude, Spaß, Genuss, Vereinigung, Hingabe, Mitgefühl und vieles andere mehr. Immer jedoch ist das Wort Liebe ein Ausdruck für ein positives Gefühl. Wenn hier von „lieben" die Rede ist, ist all das damit gemeint.

Ich liebe die Welt so, wie sie ist.

Ich stelle mir vor, ich fliege durch den Weltraum und erblicke die Erde. Im komme immer näher und entdecke immer mehr Details. Ich sehe Pflanzen, Tiere, Menschen, Liebe, Hass, Krieg, Frieden, Leben und Sterben und vieles mehr. Dabei erkenne ich, dass alles, was geschieht, immer die Folge einer Ursache und jede dieser Folgen immer die Ursache einer neuen Folge ist. Damit es auf der Erde so ist, wie es ist, musste alles genau so sein, wie es war. Darüber hinaus ist alles, was auf der Erde existiert und geschieht, miteinander verbunden. Dabei ist das „Gute" nicht nur Ursache für Gutes, sondern auch für „Schlechtes", und ebenso kann das „Schlechte" auch eine Ursache für etwas „Gutes" sein. Ein Baum im Regenwald ist Lebensraum für Tausende anderer Lebewesen, gleichzeitig nimmt der Schatten seiner Blätter jedoch anderen Pflanzen das lebensnotwendige Licht. Es gibt unzählige Aspekte eines Lebewesens, die unzählige Folgen bewirken, und diese Folgen bewirken wiederum andere Folgen. In allem, was existiert, summieren sich unzählige Folgen unzähliger Ursachen, die wir mit unserem Denken in ihren Auswirkungen nicht einmal ansatzweise erkennen können. Wenn zum Beispiel ein Mensch einem anderen das Leben rettet, sind die Folgen dieser Handlung mit *sämtlichen* Folgen, die wiederum aus dem Leben des geretteten Menschen entstehen, verbunden. Wir Menschen neigen leider dazu, die Ausdrucksformen des Lebens zu bewerten, ohne den Gesamtzusammenhang zu kennen. Dieses Bewerten jedoch ist eine der Ursachen dafür, die Welt nicht zu lieben. Doch man kann immer nur subjektiv bewerten, denn eine objektive Bewertung ist unmöglich. Wir können einen Zustand nicht gleichzeitig aus den Perspektiven der subjektiven Realitäten mehrerer Beteiligter bewerten, die entgegengesetzte Interessen haben. Noch weniger können wir sämtliche Folgen erkennen. Deshalb können wir höchstens unsere subjektive Realität bewerten – und eigentlich nicht einmal das, denn schon hier sind die diversen Ursachen und Folgen auf Grund ihrer vielfältigen Vernetzung unüberschaubar. Wie könnte ich vor diesem Hintergrund die unterschiedlichen Ausdrucksformen der Welt objektiv beurteilen? Welchen Maßstab könnte ich dabei anlegen außer meinem eigenen, der ja nur völlig subjektiv sein kann? Wer kann sagen, wie die Welt heute wäre, wenn der zweite Weltkrieg nicht stattgefunden hätte? Könnte es nicht sein, dass dann ein eventueller anderer Krieg unsere Erde vernichtet hätte? Niemand kann das wissen. Nur wenn ich damit aufhöre, die Ausdrucksformen der Welt zu bewerten, kann ich die Welt so lieben, wie sie ist. Und zweifellos ist sie in „Ordnung" so, wie sie ist, sonst würde sie in ihrer allumfassenden Vernetzung nicht existieren. Wäre sie nicht so, wie sie ist, wäre sie anders – vielleicht ohne dich, ohne mich, doch in jedem Fall ebenfalls mit „guten" und „schlechten" Seiten. Indem ich alles, was existiert, als Ausdruck der einzigen und damit derselben Lebenskraft wahrnehme, die auch mich belebt, gelingt es mir, die Welt so zu lieben, wie sie ist.

Ich richte meine Aufmerksamkeit auf die Gemeinsamkeiten statt auf das Trennende.

Durch Bewerten trenne ich mich von den Objekten meiner Bewertung. Ich setze dadurch das Bewertete in ein bestimmtes Verhältnis zu meinen eigenen Werten und mache mir vorwiegend die Unterschiede bewusst. Auf diese Weise kann ich mich langfristig von der gesamten Welt trennen, um am Ende ganz allein zurück zu bleiben. Doch die vordergründigen Unterschiede der Welt sind nur die eine Seite der Wahrheit, die Gemeinsamkeiten sind die andere. Ungeachtet aller Unterschiede steht gleichzeitig alles Existierende miteinander in Verbindung. Ein kräftiger Meteoriteneinschlag auf dem Jupiter würde dessen Laufbahn verändern, dies wiederum würde unsere Erde aus ihrer Bahn werfen und alles Leben darauf beenden. Das Prinzip von Ursache und Wirkung gilt universell. Wenn ich mich durch Bewerten von den Ausdrucksformen meiner Umwelt trenne, gestalte ich dadurch Ursachen, die unvermeidlich bestimmte Folgen nach sich ziehen. Das Gefühl des Getrenntseins verstärkt wiederum das negative Bewerten, was einer inneren Kriegserklärung entspricht, die inneren Unfrieden erzeugt und über den Zustand der Trennung zu innerem Krieg führt. Wenn ich aber meine Aufmerksamkeit auf die Gemeinsamkeiten richte und mir mein Verbundensein mit dem Rest der Welt bewusst mache, entstehen daraus ebenfalls Folgen. Durch Trennung entsteht Zerfall, durch Gemeinsamkeit entsteht Verbindung, durch Verbindung Harmonie. Indem ich mein Verbundensein mit der gesamten Schöpfung erkenne und in der Folge dann auch empfinde, kann und werde ich alles lieben. Aus dieser alles umfassenden Liebe entwickelt sich innere Harmonie.

Ich liebe meine Gedanken und Gefühle, statt sie zu verurteilen und zu verdammen.

Manchmal denke ich Gedanken, die mir nicht gut tun. Manchmal durchlebe ich Gefühle, die überaus schmerzhaft und manchmal sogar unerträglich sind. Doch alle meine Gefühle und Gedanken entstehen in mir selbst. Wenn ich sie also verurteile oder verfluche, weil ich sie nicht ertragen will oder kann, verdamme ich damit mich selbst. Wenn ich so mit mir umgehe, leide ich an mir selbst. Wenn ich an mir selbst leide, ersticke ich meine Lebensenergie. Also nehme ich meine Gedanken und Gefühle an, weil sie ein Teil von mir sind. Wenn ich sie annehme, werde ich lernen, ihren Sinn und Zweck zu verstehen. Wenn ich ihren Sinn verstehe, kann ich mit allen meinen Gefühlen und Gedanken leben und sie dann sogar lieben, unabhängig davon, welche Empfindungen sie in mir auslösen. Was für meine eigenen Gedanken und Gefühle gilt, gilt ebenso für die Gedanken und Gefühle meiner Mitmenschen, denn wir alle sind eins und entspringen derselben Quelle. Indem ich erkenne und akzeptiere, dass alle Gedanken und Gefühle ihre Berechtigung haben und deshalb liebens-wert sind, kann ich sie liebevoll annehmen und mit ihnen Frieden schließen. So finde ich inneren Frieden.

Ich liebe mich, statt an mir selbst zu leiden.

Das Selbst hat ein Bedürfnis nach freier Entfaltung und umfassender Verbindung mit seiner Quelle. An sich selbst zu leiden bedeutet, dass das Ego an den unerfüllten Bedürfnissen des eigenen Selbst leidet. Selbstleid entsteht, wenn sich mein Denken mit dem Zustand meines leidenden Selbst beschäftigt, statt sich nach außen zu orientieren. Aus diesem Leiden an mir selbst entsteht Selbstmitleid und letztlich Selbsthass. Dieser Selbsthass schließlich führt zu Selbstzerstörung und am Ende zum Verlust der Lebenskraft. Nur wenn ich mein Denken nach außen orientiere, kann sich mein Selbst frei entfalten, und nur dann kann ich aus meinem Selbst heraus handeln. Nur wenn ich aus meinem Selbst heraus handle, mache ich das, was mir *wirklich* gut tut und mir Freude, Erfüllung und inneren Frieden bringt. So drückt sich wahre Selbstliebe aus. Meine Selbstliebe spüre ich daran, dass ich liebe, was ich tue und es liebe, so zu sein, wie ich bin. Wenn ich liebe, was ich aus meinem Selbst heraus tue, liebe ich damit mich (mein) Selbst. Indem ich mein Denken statt zum „ich" hin zum „du" lenke, nicht aus meinem Ego sondern aus meinem Selbst heraus handle, meiner inneren Führung folge und deshalb „ich selbst" bin, wird sich mein Selbst(mit)leid mit der Zeit unvermeidlich in Selbstliebe verwandeln.

Ich liebe alles, was existiert.

Alles was existiert, ist Ausdruck der Schöpfung. Liebe ich *einen* Menschen, kann ich auch alle anderen Menschen lieben, denn sie alle sind eine Manifestation derselben Kraft. Liebe ich den Wind, kann ich auch den Sturm lieben, oder auch einen versteinerten Fisch, der vor seiner Versteinerung ein lebendes Wesen war vom selben Ursprung wie ich selbst. Einen Unterschied gibt es nur in meinen eigenen Vorstellungen und Wertungen, die Essenz aller Existenz jedoch ist unzweifelhaft eins. Grundlage von allem ist *eine* Schwingung, *ein* Geist und *eine* Materie. Nichts davon geht verloren, alles davon war schon immer da. Fleisch und Knochen eines Kindes entstehen nicht aus dem Nichts, sondern aus der Nahrung seiner Mutter. Liebe ich mein Baby, liebe ich damit auch die Gurken, die seine Mutter in den letzten Monaten verzehrt hat, damit auch die anderen Pflanzen, die wiederum Nährstoff für alle anderen Lebewesen sind und waren und damit schlicht die gesamte existierende Lebenskraft dieser Welt. Ich bin erst dann dazu fähig, rein und wahrhaftig zu lieben, wenn ich alles und jeden in seinem Ausdruck als Teil der Schöpfung lieben kann. Wenn ich meine Existenz bewusst als Teil des Gesamtwerkes „Schöpfung" begreife und empfinde, verringert sich mein Gefühl des Getrenntseins. Dann kann ich mein Verbundensein und meine Gemeinsamkeiten mit dem Rest der Welt erkennen und erfahren. Wenn dies der Fall ist, folgt das Gefühl der Liebe zu allem ganz von selbst. Dann *kann* ich nur noch wahre Liebe leben.

Alles, was in unserer Welt geschieht, beeinflusst sich wechselseitig. Im Größten wie im Kleinsten ist alles, was geschieht, immer die Folge einer Ursache. Dieses Prinzip der Wechselwirkung ist „der große Plan". Doch es gibt kein vorgefertigtes Konzept, in welchem alles Geschehen statisch festgelegt ist. Dieser „Plan" lebt und entfaltet sich aus sich selbst heraus. So gesehen ist jeder und alles am unendlichen Schöpfungsakt aktiv beteiligt und damit Bestandteil der kreativen Kraft des Lebens.

Das Leben aller Lebewesen ist eine Einheit, die sich in unzähligen Lebensformen manifestiert. Kann es sinnvoll oder sinnlos gelebt werden? Sinnvoll/sinnlos beinhaltet bereits eine Wertung. Wertungen jedoch sind eine Begrenzung, eine Art Lebensbetriebsblindheit. Viele Milliarden unterschiedlicher Lebewesen bevölkern unseren Planeten, und jedes einzelne Leben nimmt einen anderen Verlauf. Jedes Lebewesen macht unterschiedliche Erfahrungen im Verlauf seines Lebens, und damit gibt es Milliarden unterschiedlicher Formen von Lebenssinn. Worin liegt der Sinn des Lebens einer Amöbe? Sie teilt sich... Der Sinn des Lebens einer Ameise von vielen ist es, ihren Lebensweg als Bestandteil ihres Ameisenvolkes zu gehen. Der Sinn des Lebens manch einer männlichen Spinne liegt darin, sein Spinnenweibchen zu begatten und sich anschließend von ihr fressen zu lassen – unter anderem. *Der Sinn eines Lebens liegt exakt darin, wie es verläuft* - wie auch immer das sein mag. Sinnloses Leben gibt es nicht. Ein Lebewesen kann kein sinnloses Leben führen, denn jeder Aspekt seines Lebens beeinflusst die Entwicklung und Form anderer Leben und trägt damit zum Kreislauf des Lebens bei.

Sämtliche Erfahrungen und Aspekte, die ein gelebtes Leben ausmachen, sind sein Sinn.

All das gilt für jeden von uns, also auch für dich. Jedes einzelne Leben hat Auswirkungen auf unzählige andere Leben, es besteht aus unzählbaren sinngebenden Aspekten. Der Sinn des Lebens eines jeden individuellen Lebewesens liegt darin, einfach SEIN Leben zu leben.

Leben und Tod, Geburt und Sterben, Ende und Anfang, Ursache und Wirkung kennzeichnen der Kreislauf des Lebens. Es gibt keinen Zufall, doch es gibt auch keine Bestimmung. Liebe, Seele, Licht, Lebensenergie, Stille, Gott und die Schöpfung ist dasselbe. Der Sinn des Lebens als Ganzes gesehen besteht in Bewegung und Wachstum, in seiner Entwicklung, im Erwerben von Erfahrungen, im fortwährenden Lernen. Jedes Wesen macht individuelle Erfahrungen und lernt etwas anderes. So lernt sich die Schöpfung quasi selbst. So entfaltet sich die Schöpfung. Die Schöpfung kennt weder gut noch böse. Die Schöpfung ist positive und negative Kraft zugleich. Dabei trägt jedes den Keim des anderen in sich. Nichts ist nur gut, nichts ist nur schlecht. Die Entfaltung der positiven Kraft vollzieht sich in der Schöpfung in Form von Entwicklung und Aufbau. Die Entfaltung der negativen Kraft vollzieht sich ebenso in der Schöpfung – in Form von Zerstörung. Indem du der Schöpfung als Quelle deiner Existenz vertraust, opferst du dein Ego durch Hingabe. Indem du dich dem Leben / der Schöpfung / Gott anvertraust und hingibst, deine inneren Widerstände gegen die Bewegung des Lebens loslässt und deinen natürlichen Impulsen folgst, findest du deine innere Harmonie und dich selbst. Unabhängig von den Umständen findest du innere Ruhe, Glück und Zufriedenheit, wenn du dich selbst liebst, andere liebst, das Leben liebst, die Welt liebst, die Schöpfung liebst – und damit Liebe lebst.

Die Schöpfung (Gott) ist nicht getrennt von dir. Die Schöpfung durchdringt alles. Sie belebt die Pflanzen, die Tiere und die Menschen. Die Schöpfung durchdringt das Universum und das, was dahinter liegt. Die Schöpfung ist Schwingung. Man kann die Schöpfung nicht erleben, denn alles ist Schöpfung. Und die Schöpfung personalisiert nicht, weil die Schöpfung ALLES ist. Auch du selbst bist Schöpfung – und Schöpfer.

Gott (die Schöpfung) lebt auch in dir.

FRAGEN?

Michael Ganesh Becker
harmonie@allesgut.com

Internet:
www.allesgut.com
www.michaelix.com
www.herzbild.com